아프지 않았으면 좋겠습니다

아프지 않았으면 좋겠습니다

무감각한 사회의
공감 인류학

김관욱 지음

인물과
사상사

프롤로그

또 '아픔'인가? 제목만 보고도 외면하고 싶었을지 모르겠다. '상처받지도, 상처주지도 않는 법'을 소개하는 여느 대중서라면 몰라도 또 아픔이라니. 내 아픔도 방어하고 치유하기 바쁜 요즘 남의 아픔까지라니. 그런데 한편으론 도대체 무슨 아픔일까 싶기도 할 터이다. 그 찰나의 호기심에 감사하다. 그럼 책은 어떤 '아픔'을 말하려 하는가.

아픔이란 단어는 질병, 질환, 혹은 고통이란 명칭과 사뭇 다르다. 그건 "아프지 말고! 알았지?"라는 흔한 당부 속 '아픔'이다. 누군가에게 아프지 않기를 바랐던 바로 그 소중한 이들의 아픔 말이다. 그 속에는 화자의 애정 어린 감정이 오롯이 충전되어 있다. 이 아픔은 발화될 때부터 이미 '향'이 다르다. 병원 소독약 냄새가 아닌 안방 포근한 이불 냄새다. 한편, 이 아픔은 누구나 하나쯤 가지고 있을 법한 '말 못할 아픔'이다. 타인에게 이해를 구하기 어려운, 구할 수 없는, 혹은 구해서는 안 되는 그런 감춰둔 아픔 말이다. 여기에는 아프지 않기를 바라는 누군가를 위해 인내하는 아픔도 포함된다.

이 '아픔'은 학습과 탐구의 영역이 아니라 공감과 이해의 영역이다. 학위 따윈 필요 없다. 하지만 모두가 이 아픔을 내 부모처럼 공감하기를 기대하는 건 무모하다. 아픔이 사적인 공간을 넘어 공적인 영역으로 들어서려는 순간 삶은 막막해진다. 세상은 아픔을 '말하지 못하게' 한다. 행여 말이라도 하면 최대치가 찰나의 동정이며, 최악의 상황에는 약자로 낙인찍힐지도 모른다. 기쁨은 나누면 '질투'가 되고 슬픔은 나누면 '약점'이 되는 세상이라지 않는가.

이런 세상에서 위로라도 받으려면, 아픔의 명확한 증거를 제시해야 한다. 그런데 약자의 '증거'는 진위와 상관없이 무기력하기 일쑤다. 그래서 '아픔'은 실제 증명의 문제가 아니라 권력의 문제다. 힘의 문제고, 도덕과 윤리의 문제다. 고로 정치의 영역이다. 이 책은 바로 그 목격담이다. 누군가의 아픔에 덧씌워진 오해와 곡해, 더 나아가 몰이해를 보여주고자 한다. 그래서 이 책은 일종의 '폭탄'이다. 차갑고 무감각한, 혹은 따갑고 경멸적인 시선을 폭발시키려 생각들을 다지고 뭉쳐 작은 종이 폭탄을 제조했다. 그런데 조심하라. 당신의 몸이 화약고일 수 있다. 아픔을 소외시키는 '시선'을 지녔다면 말이다.

'아픈' 너는 나다

폭탄이라고 하니 독자를 '아프게' 만드는 것으로 오해할지 모르겠다. 타인의 '아픔'을 보게끔 독자들을 '아프게' 만들 거라고 말이다. 하지만 책은 독자를 벌하고자 집필된 게 아니다. 오히려 그 반대다. 상투적으로 들릴지 모르지만, 아픔(의 공감)으로 아픔(의 공포)을 치유한다, 이것이 목표다. 케케묵은 듯 들리지만, 단 몇 글자의 현실적 표현으로 이 말에 모두 공감할 터이다.

"힘없는, 너는 나다." 2016년 5월 28일 서울 구의역에서 홀로 승강장 스크린 도어를 수리하다 사고로 사망한 19세 청년을 추모하는 문구다. 청년의 장례식장에서 추모를 한 시민들이 유가족과 맞절을 하며 가슴속에 새긴 말, "너는 나다." 힘없는 너는, 그래서 아픈 너는, 곧 나다. 힘없는 존재임을 공감하는 순간, 똑같이 아픈 존재임을 느끼는 순간 너와 나를 나누는 경계는 순간 해체된다. 상처받지 않기 위해, 언제든 공격할 수 있도록 준비한 완전무장 경계 태세가 일시에 해체되는 '암嘛구호'인 것이다. 즉, 아픔과 아픔이 공명하여 순간 무중력 상태를 만든 셈이다. 어깨를 짓누르던 말 못할 짐들을 벗어던지고 똑같은 영혼의 무게로 마주하는 것이다. 바로 이 순간 아픔이 치유가 된다. 양어깨가 얼마나 강하게 짓눌리고 있었는지를, 애초에 이렇게 솜털처럼 가벼운 영혼이었는지를 깨닫는 것이다.

선뜻 이해가 되지 않는다면 이런 상상을 해보자. 환자 6명이 수술을 마치고 같은 병실에 누워 있다. 모두 똑같은 환자복을 입은 채 서로를 마주한다. 그곳에선 직업도, 나이도 중요하지 않게 된다. 모두 이도저도 아닌 똑같은 '경계인'일 뿐이다. 즉, 사회적 기능을 일시적으로 상실한 아픈 몸이다. 같은 환자이기에 시시콜콜 농담에도 허허실실 웃을 수 있다. 아픔을 공유한다는 것은 이처럼 선입견을 일시에 걷어내는 마법을 지녔다.

그렇다면 구의역 사고 때 맞절을 한 시민들은 어떠한 아픔을 공유한 것일까? 아마도 '힘없음'의 아픔일 게다. 한국 사회가 겹겹이 쌓아놓은 유리벽에 갇혀 올라갈 수도 내려갈 수도 옆과 악수를 나눌 수도 없는 '힘없는' 상태 말이다. 유리벽을 통과하는 건 감시와 질타, 시기와 질투의 시선들뿐일지도. 더욱이 이들에게는 수술 환자처럼 뚜렷한 퇴원 날짜도 없다. 그나마 다행인 것은 서로의 아픔을 유리벽을 넘어 볼 수 있다는 사실이다. 서로의 아픔을 알아채는 건 마주친 눈빛만으로도 충분할 게다. 아니, '마주함'만으로도 족하다. 유가족과 시민들이 장례식장 입구에서 마주하는 것만으로도 감정이 폭발했던 것처럼. 아픔 앞에서 '너'와 '나'는 단순한 지시어deictic words에 지나지 않을 뿐이다. 누구든 너와 나로 '지목될' 수 있다. 아픈 너는 곧 나일 수 있으며, 언제든 아픈 나는 곧 너일 수 있다.

'아픈' 너, 다른 세상을 산다

하지만 인정해야 할 게 있다. 아픈 너, 나일 수 있다. 그렇지만 모두의 경험이 동일하지는 않다. 그러기에 공감은 어디까지나 공감일 뿐 내가 '너'일 수는 없다. 그럴 수 있다고 믿는 건 또 다른 오해이며, 상처가 될 수도 있다. 때론 '충분히 이해한다'는 말만큼 이해가 부족한 말이 없다.

예를 들겠다. 어느 봄날, 친구의 친형이 사망했다. 국가의 부주의에 진단이 늦어져 제대로 손써보지도 못했다. 그 억울함과 분노, 슬픔은 친구를 괴롭혔다. 친구는 모두가 반기는 따뜻한 봄날만 되면 괴롭다. "이 봄이 날 미치게 만든다"고 토로한다. 그는 물리적으로 같은 세상에 살고 있지만 전혀 다른 세상을 보고 경험하고 있다.

또 다른 예다. 암으로 수술을 받은 여성이 있다. 그녀는 암이 그녀의 삶에 개입하면서 많은 것이 변했다고 한다. 주변 사람들은 암을 물고기가 살던 어항 속에 돌멩이 하나가 들어온 정도로 이해한단다. 하지만 그녀에게 암은 자신이 살던 어항 속 물의 색깔을 새빨갛게 변화시켰다고 말한다. 그녀에게 세상은 이전과 전혀 다른 것으로 비친다. 아니 그녀에게 실제 다른 세상이다.

아픔을 겪는 사람들에게 사회는 흔히 이렇게 말한다. "왜 똑같은 세상을 사는데 너는 그렇게 나약하니", "의지가 부족하구나", "프로페셔널하지 못해", "너는 루저일 뿐이야"라고. 즉, 세상은 누구에게나 평등하고 동일한데, 다른 건 너의 능력이라고. 이렇듯 약자의 아픔은 정글 같은 사회에선 오해를 넘어 몰이해의 먹잇감이 되기 십상이다.

그런데 앞서 말한 사례처럼 그들은 같은 세상을 사는 게 아니다. 같은 세상에서 다른 세상을 살고 있다. 그들과 다른 몸을 가진 한 그들과 똑같이 세상을 보는 것은 불가능하다. 그들은 나약함을 숨기기 위해 가면을 쓰고 있는 게 아니라 산소가 희박한 세상에서 살기 위해 산소마스크를 뒤집어쓰고 있는 셈이다. 산소가 이렇게 풍부한데 어디서 엄살이냐고, 어디서 나약한 '척'하냐고 놀리고 비난할 일이 아니다. 그들의 정신력이 나약한 게 아니라 세상이 폭력적인 것이다. 한국 사회에서 인간 대접을 받기 위한 스펙을 쌓지 못하면 삶은 정말 숨쉬기 힘든 '지옥'처럼 변할 수 있다. 생존을 위한 무기의 강약에 따라(질병, 장애도 포함된다) 각자 다른 아픔에 직면하고 그만큼 다른 세상을 살게 된다.

사람의 몸은 통역이 필요하다

인류학은 사람에 대한 학문이다. 더 정확히 사람 간 오해에 대한 학문이다. 사람마다 거주하는 몸이 다르면 다른 세상을 보기에 다른 몸들 사이에는 '통역'이 필요하다. 그래서 인류학자는 일종의 '통역자'와도 같다. 그런데 아픔의 영역만큼 오해와 몰이해가 범람하는 곳이 없다. 내가 인류학자로 아픔을 통역하려는 이유다. 그런데 내가 '하는doing' 인류학은 '공부studying'가 아니다. 즉, 인류학 이론을 제공하고 이 방정식에 사례를 집어넣고 답을 찾는 게 아니다. 그보다는 머리가 아니라 몸을 통해 한국 사회를 읽으려 한다.

물론 인류학도 엄연히 학문이기에 이론에 많은 시간을 투자하고 그 결과를 소개하려 하지만, 궁극적으로는 몸을 통해 아픔을 공감하고자 한다. 그래서 꼭 갈 수 있다면, 볼 수 있다면, 들을 수 있다면 직접 가고 듣고 보려 한다. 내겐 현장이 곧 도서관이고 연구실이며, 누군가의 삶이 곧 교과서다. 그리고 내 몸은 가장 원초적이고 중요한 연구 도구다. 학자들은 혼돈의 시대에 고전을 통해 깨달음을 얻으라고 가르친다. 하지만 나는 몸으로 학습하라고 항변하고 싶다. 그것이 인류학을 '하면서' 내가 깨달은 작은 가르침이다. 아픔을 조금이나마 경험한 몸은 그렇지 않은 과거의 몸과 전혀 다른 몸이 된다.

이 책을 통해 나는 아픔을 보여주고 싶다. 각자의 몸이 보여주지 못하는 세상의 아픔을 보여주고 싶다. 책을 읽고 이전과는 다른 몸이 되어 같은 세상 속에서 다른 세상을 볼 수 있기를 바란다. 그래서 독자에게 아무런 의미가 없던 아픔의 공간들이 다양한 의미로 충만해지기를 바란다. 또한 너무 '친숙해' 나에게 아픔인 것조차 모르고 있던 것들을, 더 나아가 너무 '낯설어' 나에게 아픔이 될 수 있음을 모르고 있던 것들을 느낄 수 있었으면 한다. 부족하지만 이 책을 읽은 뒤에는 독자들이 다가간 아픔의 현장에서 위로가 쌍방향이라는 것을 느꼈으면 한다. 아픔을 마주하며 '공감하는' 순간 독자들을 짓누르던 아픔 또한 '공감되는' 경험을 할 수 있기를 바란다. 시작은 지금 이 책을 읽는 것만으로도 충분하다. 진정 감사하고 환영한다.

넷. 노동의 아픔

다섯. 중독의 아픔

삶도 금단증세를 유발한다

국가가 허락한 중독 | 흡연자도 건강할 권리가 있다 | 우울증을 이기게 해준 담배 | 고된 작업을 버틸 수 있게 해주는 도구 | 감정노동자의 방패 | 나를 지키는 방법 | 담배는 단순한 '기호' 식품이 아니다 | 삶이 유발하는 금단증세 | 니코틴 중독은 개인의 문제인가 | 담배의 정치학

중독 '논란' 속에 방치된 몸

'정치적 식물'이 되어버린 마리화나 | 유색인종에게만 감옥행 특급열차가 된 마약 | 살기 위해 불법을 택하는 사람들 | 마약중독자라는 낙인찍기 | 소외되는 한국인의 '몸'

'가짜 세계'에 중독되는 이유

다양한 중독의 언저리에서 | 사회적 문제가 된 인터넷 중독 | 누가 '중독'을 규정하는가 | 인류학자가 본 게임 중독 | 중독을 선택할 수밖에 없는 이유 | 컴퓨터라는 제단 앞에 선 사람들 | 키보드는 차갑고 사람의 손은 따뜻하다

하나.

가족의

아픔

'베이비 박스'는 키울 수 없는 아기를 놓아두는 곳이다. 한국에서는 서울시 관악구 난곡동에 있는 주사랑공동체교회의 이종락 목사가 최초로 만들었다.

만악의 근원이자 치유의 근원인 '가족'이라는 공동체

■

나는 이 계단 앞에 주저앉아 한참을 저 검은색 미끄럼 방지 테이프를 바라보았다. 도대체 얼마나 많은 사람이 저 계단을 밟았을까. 행여 빗길에, 눈길에 서둘러 계단을 오르다 넘어지지는 않았을까. 그런 연유로 미끄럼 방지 테이프가 설치된 걸까. 저 일곱 개의 계단을 오르기가 얼마나 힘들었을까 생각하니 가슴 한 구석이 먹먹하다. 사진은 서울시 관악구 난곡동에 있는 베이비 박스로 올라가는 계단이다. 정상가족이 아니라는 이유로 많은 사람이 자신의 가족에게서 소외되어 이곳을 오르고 있다. 가족이, 그리고 사회가 아이를 어떻게 대하는지가 그 사회의 영혼을 드러낸다고 한다. 그래서 가족은 한국 사회에서 만악의 근원이라며 비판받기도 한다. 이런 측면에서 가족은 아픔에서 빼놓을 수 없는 주제다.

나는 여기서 전쟁과 참사의 기록도 함께 소개하고자 한다. 베트남전쟁, 4·3 제주항쟁, 4·16 세월호 참사에 대한 글은 가족에 대한 논의로 읽히기보다는 국가의 폭력으로 독해될 것이다. 그러나 그 속에는 분명히 가족의 비애가 녹아 있다. 이산가족만 생각해보더라도 전쟁사는 참혹한 가족사일 수밖에 없다. 내 가족을 생각하며 이 글을 써내려가면서 나는 수많은 가족에 가해진 국가 폭력의 상처가 어떻게 극복될 수 있었는지 느낄 수 있었다. 가족, 더 나아가 '가족처럼'이라는 상상의 울타리가 치유의 근원이었다. 버려진 아이들을 내 가족인 듯 받아들이는 베이비 박스 운영자들처럼 세월호 참사 당시 얼마나 많은 사람이 자신의 자녀가 사망한 듯 아파했던가. 시민들은 하나의 '가족'이 되어 대규모 장례식을 치렀다. '정상' 가족 담론이라는 상징적 폭력이 누군가를 아프게 만들 수도 있지만, 혈연을 '초월한' 넓은 가족애가 누군가의 아픔을 치유할 수도 있다. 가족이란 그런 것이다.

아이, 사회의 영혼을 비추는 창

"아빠 힘들어!", "아빠는 맨날 힘들대!", "얘들아, 아빠 힘들어", "우리 어린이날 실컷 놀자."[1] 창피한 이야기지만 솔직한 내 일상이다. 책이나 연구에서만 공감이니 가족이니 찾았지 살을 비비며 함께 생활하는 눈앞의 가족을 소홀히 해왔다. 더 창피한 것은 '나만 이런 게 아니다, 다들 그렇게 산다'고 스스로 위로하며 지내왔다는 사실이다. 물론 나만 그런 게 아니라는 것은 틀린 말이 아니다. 기사를 보니 한국 남성은 하루 평균 6분(2015년 기준)을 겨우 자녀와 함께한단다.[2] 6분이라. 찾아보니 한국 30~40대 하

루 평균 스마트폰 이용 시간은 대략 3시간(2016년 기준)이라고
한다.[3] 아이들을 위해 얼마나 적은 시간을 보내는지 적나라하다.
다른 나라 평균(47분)에 비추어도 턱도 없이 적기만 하다. 가정
의 달인 5월을 맞이할 때면 자녀와의 시간을 위해 모처럼 '노력'
씩이나 한다고 자랑할 일이 아니었다.[4]

　가족에 대해 생각하니 머릿속이 새하얗다. 진지하게 고민해본
적이 언제였나 싶다. 식구食口란 한 집에서 함께 밥을 먹는 사람
이라는데 이마저도 제대로 못하고 있다. 순간 이런 생각이 들었
다. 내가 가족과 아이들을 대하는 태도가 크게 보면 한국 사회의
중요한 단면을 보여주는 것은 아닐까? 그러니까 가족 문제가 오
직 '가족'만의 문제일까 하는 의문이 들었다(물론 내 아이들은 '아
빠' 문제라고 꼭 집어 말한다). 이에 대해 『이상한 정상가족』의 저
자 김희경은 한국이야말로 모든 사회 문제는 '가족 문제'라는 표
현이 잘 어울리는 국가라고 이야기한다.

　저자는 책 서두에 넬슨 만델라Nelson Mandela의 말을 인용하며 가
족 문제를 읽어내는 독해법도 알려준다. 그것은 성인 중심이 아
닌 가족 내 가장 약한 존재인 '아이'를 중심으로 문제에 접근해
야 한다는 점이다.[5] 저자가 인용한 만델라의 말은 이를 잘 대변
해준다. "한 사회가 아이들을 다루는 방식보다 더 그 사회의 영
혼을 정확하게 드러내 보여주는 것은 없다."[6]

만델라의 이 말과 함께 여러 각도에서 그의 시각에 대해 다루어보려 한다. 이 과정에서 나는 그동안 분리된 이야기인 줄 알았던 한국의 여러 현상이 '정상가족'이라는 담론으로 연결(혹은 귀결)될 수 있음을 보고자 한다. 먼저 김희경이 자신의 책 서두에서 명료하게 보여준 아이를 대하는 한국 사회의 현주소부터 들여다보자.

아이도 '자기만의 인생'을 살아간다

한국의 2016년 출생아 수는 인구통계 작성 이래 역대 최저를 기록했다. 같은 기간 길바닥과 베이비 박스에 버려진 아이는 302명, 해외로 입양된 아이는 334명이다. 거의 하루에 1명꼴로 아이를 버리거나 해외로 보낸 것이다. 18세 미만으로 범위를 넓히면 부모에게 버림받아 시설 등으로 간 아이들은 4,503명 즉, 하루 평균 12명 이상이다. 같은 기간 학대로 숨진 아이는 한 달 평균 3명이고, 아동 학대 판정을 받은 것은 하루 평균 51건이었다.[7] 실로 충격적인 수치다. 더 어떠한 설명이 필요할까? 우리 사회의 영혼은 도대체 어디까지 타락한 것인가? 어떻게 이 정도로 사태가 악화될 때까지 한국 사회는 이렇게까지 조용할 수 있었는가?

우선 한국 사회에서 '어린이'와 '유년기'에 대한 논의의 장이 소란스레 열린 적이 있었는지 의문이다. 수능이나 조기교육과 같이 과열된 입시 경쟁에 대한 소란 말고 정말 대통령 선거철처럼 '유년기'에 대해 진지하게 귀를 기울인 적이 있는지 궁금하다. 입에 담기 어려운 아동 상대 흉악 범죄 기사가 나올 때만 일회성 관심에 그치지 않았나 싶기도 하다. 『유년기 인류학An Introduction to Childhood』의 저자인 영국 인류학자 헤더 몽고메리Heather Montgomery는 '유년기'에 대한 사회적 해석의 중요성을 이렇게 강조한다.

"유년기라는 개념에는 인간성, 도덕성, 사회 질서에 대한 문화적 관념이 포함되어 있다. 성과 출산, 사랑과 보호, 힘과 권력의 올바른 형태는 무엇이며 어떤 경우에 그것이 학대가 될 수 있는지를 두고 벌어지는 복합적인 논쟁이 유년기를 표상한다."[8]

몽고메리의 지적처럼 어린이로 '살아가는' 기간에 대해 사회는 수없이 많은 논의를 할 수 있다. 결국 이러한 논의의 부재는 개개의 가족에 깊숙이 내재해 있는 폭력적인 미시 권력에 눈을 감은 채 지내왔다는 반증일 것이다. 생각해보자. 어린이를 중심으로 성, 출산, 사랑, 학대, 인간성, 도덕성 등을 생각해본 경험이 한국 사회에서 얼마나 될까? 여전히 하루에 1명꼴로 아이를 버리거나 해외로 보내고, 하루 50여 건의 아동 학대가 일어나는 현실에 비추어볼 때 너무도 부족해 보인다.

몽고메리는 태국의 아동 매춘에 대한 연구를 바탕으로 유년기 인류학 논의를 진전시킨다. 그리고 이 경험을 바탕으로 '어린이 중심child-centered' 인류학 연구의 필요성을 강조했다.[9] 몽고메리는 아이를 어른이 되기 위한 준비 단계로 보지 않았다. 오히려 아이들의 '미래의 경험'보다 '현재의 경험'에 집중해야 한다고 보았다. 더불어 어른의 관점이 아닌 아이들이 자신의 이야기를 하고 그 의미를 파악해야 한다고 보았다. 즉, 아이들은 성인이 되어 인생을 살게 되는 것이 아니라 이미 유년기 시절에 자기만의 '인생'을 살고 있는 것으로 보는 것이다. 이것은 굉장히 큰 사고의 전환이다. 당신의 초등학생 자녀가 그들만의 '인생'을 치열하게 살고 있다고 진지하게 이야기한다면 어떻게 반응할 것인지 생각해보라. 적어도 나에게는 혁명적인 관점이었다. 몽고메리는 어린이를 사회화의 대상이 아닌 '덜 자란 어른'으로 보았다.

이제 몽고메리의 조언대로 한국을 돌아보자. 오늘날 한국에서 어린이들은 어떠한 '인생'을 살아가고 있을까? 어른들의 이야기처럼 성인이 되면 마술처럼 인생의 봄날이 펼쳐질까? 언제 '미생'에서 '완생'으로 변이를 축하하며 샴페인을 터트릴 시기가 오는 것일까? 나 역시 습관처럼 '조금만 기다려라'고 아이들에게 반복하지 않는가? 혹시 아이들도 다 알면서 부모의 안심을 위해 모르는 척하고 있는 것은 아닐까? 그 시기를 걸어왔지만 나 역시 잘 모르겠다. 그저 기억하는 것은 그 순간 최선을 다해 살아왔다는 사실이다.

체면 문화는 생명을 살리지 못한다

이제 구체적인 이야기로 들어가보려 한다. 시작은 '베이비 박스'다. 이 단어만큼 아이를 중심으로 한 한국 사회의 가족 문제를 적나라하게 드러내는 것이 있을까? 기사를 접하고 내 눈으로 직접 확인하고 싶었다. 서울시 관악구 난곡동에 있는 베이비 박스를 찾아가는 것은 어렵지 않았다. 검색으로 쉽게 위치를 확인할 수 있었다. 하지만 실제로 걸어가는 길은 가파른 오르막길이었다. 남의 시선을 피해 새벽길 혹은 밤길에 갓난아이를 안고 여성들(미혼부보다 미혼모가 월등히 많은 게 현실이다)이 오르기에는 쉽지 않은 길이었다.[10] 직접 걷지 않아도 여성들의 가쁜 숨을 느낄 수 있을 정도였다.

베이비 박스는 도로변에서 정확히 초록색 계단 일곱 개를 올라가면 나타났다. 사회와 가족이 외면한 이들에게 열려 있는, 어찌 보면 최후의 선택이 아닌가 싶었다. 계단에는 행여 비나 눈에 아이와 산모가 넘어져 다칠까봐 미끄럼 방지 테이프를 붙여놓았다. 한참을 그 계단에 멍하니 앉아 가쁜 숨을 골랐다. 시간이 조금 흐르니 검은색 미끄럼 방지 테이프가 군데군데 닳아 있는 것이 눈에 들어왔다. 얼마나 많은 이가 오간 것일까? 그렇게 닳아 없어진 공간만큼 이 땅의 영혼은 병들어 있는 것이 아닐까?

2009년 12월 주사랑공동체교회의 이종락 목사가 이곳에 국내 1호 베이비 박스를 만든 이후 2014년 5월 경기도 군포시 새가나안교회에서 국내 2호 베이비 박스를 만들었다. 이 두 곳으로 들어온 영아는 2017년 5월 기준으로 1,200명이 넘는다고 한다.[11] 현실이 이런데 계단 위의 미끄럼 방지 테이프가 닳지 않고 견딜 수 있었을까 싶다.

한국에는 오늘도 하루 1명꼴로 영아가 버려진다. 그 종착지가 보육원이든 베이비 박스든 해외 입양이든 정말 끔찍이도 많은 숫자다. 일부는 베이비 박스가 영아 유기를 조장하는 불법 시설이라고 지적하며 문제를 제기한다. 그렇지만 이런 비판 이전에 사회가, 법과 제도가 어떠한 역할을 했는지 먼저 헤아려야 하지 않을까 싶다. 베이비 박스 운영자 이종락 목사는 2012년 8월 '입양특례법'[12] 개정 이후에 베이비 박스로 들어오는 영아가 급격히 늘었다고 말했다.[13] 실제로 2010년 4명, 2011년 37명에서

2012년 79명으로, 2013년에는 무려 252명으로 급증했다.[14]

물론 입양특례법과 영아 유기 증가는 관련이 없다는 주장도 있다. 그렇지만 법 개정으로 입양 절차가 '행정법원 신고제'에서 '가정법원 허가제'로 전환되고, 아이의 '출생신고 증빙'을 해야 하기에 미혼모라는 낙인을 피할 수 없게 된 것은 엄연한 사실이다. 낙태법이 여전히 여성의 자율적인 재생산권reproductive rights을 제한하는 상황에서 미혼모라는 사회적 낙인을 피하기 위해서는 불법 낙태 시술을 받거나 베이비 박스를 찾는 수밖에 없다.[15]

친부모가 아이를 양육하는 것이 가장 이상적이라는 것은 누가 모를까? 그렇지만 한국에서 가족과 사회의 지원 없이 미혼모가 아이를 키우는 것이 얼마나 힘든 일인지 당사자가 아닌 이상은 가늠하기도 힘들다.[16] 한 아나운서가 자조적인 어투로 아이들이 베이비 박스로 해외에 입양되는 것을 '부끄러운 모습'이라 말한 것에 이종락 목사가 한 대답은 귀 기울일 필요가 있다.

"우리의 부끄러운 모습, 부끄러운 자화상이기도 한데요. 목사님의 바람은 어떤 것입니까?"

"부끄러움이 아니고 현실인데요. 우리 체면 문화는 생명을 살리지 못합니다. 이제는 베이비 박스가 없는 나라가 돼야 되지 않겠습니까?……태아의 생명도, 태어난 아기도, 미혼모들도 안전한 보호를 받는……장애아이도 낙태하지 않고 태어나게 해서……."[17]

체면 문화! 그것으로는 생명을 살리지 못한다. 현실은 오히려 그 반대에 가깝다. 이러한 현실은 부끄러워할 것이 아니라 '분노'해야 할 것이 아닐까? 부끄럽다는 것은 비윤리적 사람으로 인해 도덕적으로 깨끗한 누군가가 (같은 사회 구성원이라는 이유로) 원치 않는 불쾌함을 경험한다는 뉘앙스가 포함되어 있다. 예를 들면 이런 식이다. '그녀들만 없었어도 한국인인 게 부끄럽지 않았을 텐데.' 전통적으로 가부장적 문화에서 가족과 가부장의 체면은 여성의 몸가짐에 의존해왔다.[18] 그러나 그 가족의 체면을 위해 아이와 산모의 생명과 삶은 제도권 밖에서 위태롭기만 하다. 교복 상의에 갓 태어난 아이를 감싼 채 하혈을 하며 맨발로 찾아온 청소년 미혼모부터 아이를 파묻고자 마음먹었다가 흙투성이가 된 아이를 데리고 온 산모까지 현실은 정말 비참하기만 하다.[19]

이종락 목사는 2007년 교회 앞에 버려진 아이가 저체온으로 생명이 위태로웠던 끔찍한 경험을 한 후로 베이비 박스를 생각했다고 한다. 이러한 상황에서 체면을 신경 쓰며 영아 유기를 조장한다고 비판하고, 미혼모에게 아이를 유기했다며 손가락질만 하고 있을 것인가? 그런 이야기를 하기 전에 김희경의 주장처럼 왜 베이비 박스와 입양에 관해 한국 사회에 미혼'모'만 있고 미혼'부'는 없는지 근본적인 질문에 답해야 하지 않을까?[20]

가혹한 '정상가족주의' 담론

그렇다면 한국 사회는 왜 이와 같은 상황을 부끄러워하기만 하고 변화를 꾀하지 않으면서 '문제 유발자'만 손가락질해왔던 것일까? 한국이 OECD 회원국 중 아이를 해외로 입양 보내는 '유일한' 나라임을 아는 사람은 몇 명이나 될까? 그리고 전 세계에서 한국이 해외 입양을 가장 많이, 가장 오랫동안 보낸 나라라는 것을 아는 사람은 또 몇 명이나 될까?[21] 김희경은 이 같은 방치 혹은 무관심의 근본적인 이유가 한국 사회에 뿌리 깊게 박혀 있는 '정상가족주의' 담론 때문이라 강조한다.

"이렇게 구조적으로 아이 버리기를 부추기는 사회에서 아이를 버리는 '주범'이 여전히 미혼모라고 말할 수 있을까? 나는 이른바 '정상가족'이 아닌 다른 삶은 잘못되었다고 차별하고 배제하면서 교육받을 권리와 일자리까지 위협하는 한국의 가족주의에 그 혐의를 두고 싶다."[22]

하나. 가족의 아픔

김희경은 한국 사회에서 정상가족이란 '결혼한 부부'로 구성되어야 하며, 출산은 혼인신고를 한 부부 사이에서만 용납된다고 보았다. 기성 부모 세대에게 딸이 미혼모가 되었다는(될 것이라는) 소식은 출산이 항상 결혼 이후에 이루어져야 한다는 '정상가족주의' 원칙을 깬 것으로 천인공노할 일에 속한다. 김희경은 그토록 가족의 중요성을 강조하는 한국인들이 자녀가 '정상가족'의 선을 넘어서는 순간 "이렇게 어처구니없이 무너져 내리는" 것을 신랄하게 비판한다.[23] 『페미니즘의 도전』으로 잘 알려진 여성학자 정희진은 '가족'을 한국 사회에서 가장 보수적인 영역이며, "만악의 근원"이라고까지 강력히 비판한다.

"한국 사회에서 가장 보수적인 영역은 북한이나 섹슈얼리티가 아니라 가족 담론이다. 한국 사회에서 가장 문제적인 제도, 가장 부패한 제도, 가장 비인간적인 제도는 가족이다. 가족은 곧 계급이다. 교육 문제, 부동산 문제, 성차별을 만들어내는 공장이다. 부富뿐만 아니라 문화 자본, 인맥, 건강, 외모, 성격까지 세습되는 도구다. 간단히 말해 만악의 근원이다."[24]

정희진의 지적처럼 수천 년의 역사를 거쳐온 가부장제의 위력 앞에서 사회 구성원이 어떻게 자유로울 수 있을까?[25] 100여 년

밖에 되지 않은 자본주의에서도 자유롭지 못한 현대인들 아닌가? 한국 사회에서 미혼모와 그들의 자녀는 정상가족 담론에 얽매여 계층 사다리의 가장 밑에 처할 위험에 노출되어 있다. 미혼모가 전통적 가족주의 규범을 어긴 사람으로 사회적 질타를 받는다고 쳐도 아이들은 무엇 때문에 가족과 학교, 국가에서 소외되는 것일까? 이 아이들은 한국 사회에서 제대로 된 가족 구성원으로 받아들여지지 않는 것처럼 보이기까지 한다. 비유하자면 그들은 '생물학적 태아'이기는 하지만 '사회적 태아'로 인정받지는 못한 셈이다.

미국 인류학자 낸시 셰퍼휴스Nancy Shepher-Hughes는 유아로 인정받는 기준은 생물학적인 것을 넘어 '문화적으로 구성'된다고 보았다. 따라서 사회에 따라 태아에 인격을 부여하는 것이 늦어지는 현상delayed anthropomorphization이 발생할 수도 있다고 보았다.[26] 셰퍼휴스는 1980년대 브라질 북부 슬럼가 파벨라Favela 지역에서 영아 살해와 아동 방치에 관한 연구를 진행했다. 그녀는 당시 가난으로 영양실조에 걸려 죽어가는 아이들을 바라보면서도 눈물을 보이지 않는 현지 산모들을 의아하게 생각했다. 그녀는 연구를 진행하면서 브라질 산모들이 공감 능력이 부족한 것이 아니라 연민의 감정을 느끼면서도 아이를 아직 '감정을 느낄 수 없는 존재'로 인식하고 있으며, 이 때문에 참담한 상황에서도 담담한 것이라고 보았다.

나는 한국의 극단적인 정상가족 담론이 미혼모 자녀에 대한 '인격 부여'를 지연시키는 것이 아닌가 생각한다. 그토록 저출산을 우려하며 어린이를 나라의 미래나 가족의 미래로 소중히 여기고 있지만, '내 가족'의 테두리를 벗어나거나 규범화된 정상가족 범위 밖에 있는 어린이는 인격이 소실된 생명체로 사회적 시선의 사각지대로 떨어진다.

이렇게 가족주의 담론이 사회에서 문제를 초래하지만, 역설적이게도 한국은 가족을 중심으로 계층 사다리를 올라야 하는 약육강식의 정글과도 같다. 근대화가 진행될수록 개인화가 확산되어야 함에도 한국 사회는 여전히 강력한 가족주의에 머물러 있다. 김희경은 이것이 1997년 IMF 경제 위기의 영향으로 보았다. 즉, 임금 상승에 힘입은 개인의 자유로운 삶이 확산되지 못하고, 실직으로 가정이 붕괴되면서 가족끼리 뭉쳐서 살아남아야 하는 상황이 도래한 것이다.[27] 이후 신자유주의 경제체제가 공고화되면서 부의 양극화가 심화되고 가족의 삶도 양극화가 진행된 것으로 보았다. 그러하기에 중산층은 가정의 추락을 막기 위해 자녀가 어릴 때부터 가족 팀플레이로 총력 경쟁을 벌이는 것이고, 그 피해는 고스란히 유년기 자녀들에게 가는 것이다. 특히 가난한 아이들이 이 같은 양극화의 가장 큰 피해자가 되고 있다.

'사랑의 매'인가, '아동 폭력'인가

아이들에 대한 글들을 읽으며, 특히 아동 학대에 대한 글을 읽으며 많이 힘들었다. 두 아이의 아버지이기 때문에 학대받는 아동에게 깊이 공감하기도 한다. 그렇지만 나를 정말 힘들게 한 것은 내 아이들에게 가한 과거의 체벌 경험이다. 체벌을 당하던 아이들의 얼굴이 방금 전 일처럼 생생하게 떠오른다. 공포에 질린 얼굴 말이다. 생각해보면, 당시 내가 한 체벌은 사랑의 매가 아니었다. 스스로 감정을 조절하지 못한 결과였다. 그런데도 아이들은 자기 잘못 때문에 체벌 받는다고 생각했다. 딸이 울음 섞인 목소리로 "앞으로 안 그럴게요"라고 말하는 장면이 도무지 잊히지 않는다. 이것은 절대로 훈육의 성공이 아니었다. 그것은 아버지인 내가 자녀인 너에게 '언제든 손을 댈 수 있다'는 메시지를 전달한 것뿐이었다.[28]

한국에서 법적으로 의도적인 해를 가해도 된다고 허락된 유일한 대상이 바로 아이들이라고 한다.[29] 부모의 훈육적 체벌이라는 것이 얼마나 자의적 해석이며 비교육적인지는 영국의 세이브더칠드런이 2001년 정리한 체벌 경험 어린이의 기억 목록이 극명하게 보여준다.

"상처받음, 무서움, 속상함, 겁이 남, 외로움, 슬픔, 성남, 버려진 것 같음, 무시당함, 화남, 혐오스러움, 끔찍함, 창피함, 비참함, 충격 받음."[30]

사랑의 매가 자녀가 올바른 길로 유도하는 전통적인 훈육 방법이라 말하는 사람도 분명 있을 것이다. 멀리 가지 않더라도 내 아버지 역시 다듬지 않은 대나무 뿌리를 거실 천장에 매달아놓고 체벌을 가했다. 내가 잘되길 바라서 한 일이었다. 아니, 나는 그렇게 믿고 자라왔다. 내 부모의 체벌은 설령 대나무 뿌리가 부러지고, 등을 가격한 통기타가 박살나더라도 '학대'로 여겨지지 않았다. 그저 큰 사랑이라고 믿었다.

어렸을 적 아버지의 단골 질문은 "○○는 누구 꺼?"였다. 내 대답은 항상 같았다. "응, 아빠 꺼!" 나는 그렇게 부모의 소유물인 양 자라왔다. 그런데 이것은 개인적 경험에 국한된 것은 아닌 듯하다. 아직도 절반 이상의 국민이 아동과 청소년을 체벌해도 된다고 생각하고 있다.[31]

그렇다면 1979년 세계 최초로 부모의 체벌을 법적으로 전면 금지한 스웨덴은 한국과 달리 전통적으로 아동의 인권을 존중하는 문화였던 것일까? 결국 아동 체벌은 상대적인 문화 차이 때문일까? 인류학에서 문화상대주의적 접근 방식은 매우 강한 학풍으로 전해 내려오고 있다(나 역시 예외일 수 없다). '어린이'에 관한 북미의 해석(어린이들이 성숙한 어른과 달리 미성숙하고 무능력하며 순종적이다)이 모든 나라에 적용되는 절대적 사실이 아니라는 것을 보여준 것도 인류학자들이었다.

예를 들면, 서아프리카의 벵Beng족은 아이들이 태어날 때부터 완벽한 언어적·사회적 능력을 갖고 있다고 여기며, 니제르공화국의 투아렉Tuareg족 어린이들은 수동적인 관찰자가 아니라 능동적인 행위자로 외부인에게 대변인 역할을 수행한다는 연구 결과가 있다.[32] 어린이의 인성 발달도 보편적인 신체적 변화보다는 특정한 문화적 훈련의 결과라고 강조한 인류학자도 있다. 대표적으로 '문화와 인성'학파로 불렸던 미국 인류학자 마거릿 미드 Margaret Mead와 루스 베네딕트Ruth Benedict를 들 수 있다.[33]

이런 관점들을 고려한다면, 한국 사회의 '훈육을 위한 체벌'은 전통적인 문화 요소이기 때문에, 다른 문화를 기준으로 윤리적인 문제가 있다고 판단하는 것은 어려울 뿐 아니라, 금지하는 것은 불가능하다고 여길 수도 있을 것이다. 같은 맥락에서 스웨덴은 그 나라만의 독특한 문화가 있었기 때문에 체벌 금지법 제정이 가능했다고 이해하고 넘어갈지도 모른다.

김희경은 스웨덴 세이브더칠드런 활동가와의 인상적인 경험을 소개하며 문화상대주의의 그릇된 남용을 지적한다. 스웨덴도 부모의 체벌을 법으로 금지한다고 했을 때 국내는 물론이고 유럽 다른 나라들의 엄청난 저항에 부딪혔다고 한다. 스웨덴은 오히려 부모의 자녀 체벌이 법으로 허용된 나라였다고 한다. 체벌 금지법이 시행되기 전인 1960년대에는 무려 90퍼센트가 넘는 부모가 자녀를 체벌한 적이 있다고 할 정도였지만, 아동은 '훈육의 대상이 아닌 인권의 주체'라고 국가적 차원에서 노력한 결과 체벌도 '문화적 전통'이라는 체벌 옹호의 가장 끈질긴 논리를 이겨냈고, 이제는 자녀를 체벌하는 부모가 10퍼센트를 밑도는 수준까지 감소했다고 한다.[34] 결국 체벌은 문화적 전통이 아니라 아동 폭력에 지나지 않는다는 신념이 승리한 것이다.

작은 성인과 큰 어린이

이제 다시 원론적 질문으로 돌아가보자. 아이는 성인이 되기까지 사회화 과정을 겪어야 하는 훈육의 대상이자 미성숙한 존재인가? 이 질문에 한국 사회가 지니고 있는 암묵적 답변이야말로 사회의 핵심 가치(넬슨 만델라가 '영혼의 창'이라 부른)를 반영한다고 보아야 할 것이다. 그 가치의 양적·질적 수준이야말로 이 사회가 직면한 제반 문제의 근본적 가치를 포함한 것이 아닐까 싶다.

그렇다면 이제 답변은 무엇인가? 앞서 여러 번 인용한 『이상한 정상가족』의 저자 김희경은 아이들이 가족 '안'에서 개별성을 억눌리고, 가족 '밖'에서는 다양성을 훼손당하는 존재로 살아가고 있다고 설명한다. 인류학자 셰퍼휴스는 아이들에 대한 그 모든 정의와 논의가 지극히 '정치적'이라고 항변한다.[35]

여기서 다시 한번 어린이에 대한 기존의 의문들을 나열해보자. "어린이는 그 자체로 완전한 존재인가? 아니면 완전해지는 과정에 있는 존재인가? 어린이는 수동적인가? 아니면 능동적인가? 어린이는 스스로에 대해 말할 수 있는가? 아니면 다른 사람이 대신 말해주어야 하는가?"[36] 이 질문의 '어린이' 자리에 '어른'을 넣어보자. 어디 하나 말이 안 되는 곳이 없다. 직장인을 넣어도, 정치인을 넣어도, 심지어 철학자를 넣어도 어색하지 않다. 그러니 어린이기 때문에 미성숙한 존재라 말할 수 없을지 모른다. 어른도 성숙해가는 과정 중에 있지 않은가? 어린이도 작지만 '성인'인 셈이며, 어른도 큰 '어린이'인 셈이다.

마지막으로 현실적 대안을 고민해본다. 분명한 것은 이제 한국 사회에도 인권 의식을 바탕으로 한 어린이에 대한 이해와 공감이 확장되어야 한다는 사실이다. 그런데 이것만으로는 충분하지 않을 것이다. 김희경은 단순히 공감의 확대에만 의지하지 말자고 주장한다. 그리고 아이들이 더는 버려지고 학대받지 않으려면 감성에 호소하는 것이 아니라 이성을 발휘해야 한다고 강조한다. 이를 '공감의 제도화'라 부른다.[37] 이종락 목사의 표현대로라면, 체면치레가 아닌 현실적인 대책을 강구해 베이비 박스가 없는 세상을 마련해야 한다는 것이다. 문화적 감수성만 강조했던 인류학자가 명심해야 할 혜안이다. 아이(에 대한 논의)를 통해 또 한 번 크게 배울 수 있었다. 큰 어린이인 나는 이렇게 또 한 번 어른으로 성숙해가는 과정을 밟게 되었다.

"제주에 봄이 오고 있습니다"

기사 두 편이 오랫동안 기억에 남아 있다. 베트남과 제주도 이야기다. 첫째는 문재인 대통령이 2018년 3월 23일 베트남 국빈 방문 중 한국군의 베트남전쟁 참전 시 민간인 학살에 "우리 마음에 남아 있는 양국 간의 불행한 역사에 대해 유감의 뜻을 표한다"고 밝힌 기사다.[1] 그다음은 10여 일 후인 4월 3일 제주도에서 문재인 대통령이 4·3항쟁 70주년 추념사 중 "국가 폭력으로 말미암은 그 모든 고통과 노력에 대해 대통령으로서 다시 한번 깊이 사과드린다"고 한 기사다.[2] 이 두 기사는 2월 25일 막을 내린

평창동계올림픽 전후로 긴장 완화 분위기가 형성되고 있는 남북한 상황과 겹쳐졌다. 4·3항쟁 추념사 마지막에 문재인 대통령이 말한 "여러분, 제주에 봄이 오고 있습니다"라는 선언처럼 한국사의 과거, 현재, 미래에 따뜻한 '봄'이 오는 것인지 감흥에 젖게 만들었다.[3] 과거에도 이런 온기에 잠긴 적이 있었는지 기억이 가물가물할 정도다.

평창동계올림픽 모토인 '새로운 지평New Horizons'이 우리 현실에서 실현되고 있는 것은 아닌지 기대감에 설레기도 한다. 또한 이 봄이, 화사한 유채꽃과 산들바람이 더는 누군가의 몸을 아프게 만들지 않기를 기대해보기도 한다. 두 기사는 왜곡되거나 낙인 찍혀왔던 아픈 역사를 제대로 조망하고 '망각'에서 벗어나는 계기가 될 수 있겠다는 기대를 하게 했다.

소설가 밀란 쿤데라Milan Kundera는 권력에 대한 시민들의 투쟁이란 공식적인 역사에서부터 특정 사건과 인물을 삭제하는 이른바 '망각'의 정치에 대항하는 '기억의 투쟁'이라고 강조했다.[4] 베트남 민간인 학살과 제주 양민 학살이야말로 그동안 당사자나 관심을 지닌 소수만 '기억'하던 학살의 역사였다. 그러하기에 오늘날 제주도민들이 "제주 4·3은 대한민국의 역사입니다"라고 주장하는 것일 테다.[5] 이 글은 죽음 이후에도 삭제되고 왜곡되었던 역사적 진실에 대한 나름의 추모다. 특히 그 밑바탕에 씨줄과 날 줄이 된 보이지 않지만 수없이 많은 가족의 아픔과 치유에 대한 애도 섞인 기록이다.

그렇지만 잔혹하게도 봄의 기대는 일순간 증발해버렸다. 우리가 마주한 한국의 현재는 전쟁보다 잔혹할지도 모른다는 생각이 들었기 때문이다. 2018년 1월 3일 한 30대 여성 웹디자이너가 장시간 노동을 견디다 못해 자살한 사건이 벌어졌다.[6] 고인의 친언니가 용기를 내어 고발하지 않았다면 그 누구의 관심도 받지 못하고 묻힐 뻔했다. 자살한 웹디자이너는 "내 앞날이 너무 깜깜해서 그냥 세상에서 사라져버리고 싶다"고 했다.[7] 깜깜한 앞날, 사라져도 미동도 없을 세상. 이것이 한국전쟁을 거쳐온 조부모 세대와 IMF를 견뎌온 부모 세대의 자녀가 직장에서 처한 삶의 민낯일지 모른다.

두려운 것은 추운 겨울, 봄을 기다리지 못하고 끝내 다른 세상으로 탈출을 선택한 그녀가 이 세상에서 빠르게 소비되고 곧 '망각'될 것 같다는 차디찬 심해 같은 현실이다. 매초 매시간 숨을 '죽이며' 살아가는 하루살이의 직업전선은 총성 없이도 충분히 잔혹해 보인다.

2016년 한 해 자살자 수가 1만 3,092명이었다.[8] 베트남전쟁 참전(1964~1972년) 병사 중 사망자는 총 5,099명이었다.[9] 공식적으로 알려진 제주 4·3항쟁의 사망자 수만 3만여 명(당시 제주도민은 30만 명이었다)이었다.[10] 거칠게 수치로만 비교해본다면 "이 땅에 봄은 있느냐"는 제주도민의 70년의 외침은 멈출 수 없을 듯 보인다.

마음 돌릴 겨를이 없다. 어느덧 세월호 참사 4주년이 지났다. 4월 16일 정부합동영결식 이후에는 정부합동분향소가 마지막을 맞이했다. 안산 지역에서 4주기를 맞아 조직한 준비위원회인 '네 번째 봄을 만드는 사람들'은 "일상에서 기억하다"를 슬로건으로 잡았다.[11] '봄'도 '기억'도 제주 4·3항쟁과 닮았다. 다른 듯 모두 같다. 혼자하면 기억은 그 자체로 '고통'이지만, 같이하면 '위로'가 된다.

오늘날 우리의 삶 속으로 파편처럼 날아오는 죽음과 추모에 대한 이야기를 들여다보고자 한다. 시기를 같이해서 날아온 베트남전쟁의 희생자들, 제주 4·3항쟁 생존자들, 4·16 세월호 참사를 경험한 우리에 대한 이야기다. 이 모두는 결국 누군가의 가슴 아픈 가족사다. 이를 통해 당사자들이 어떠한 삶을 살아왔고 버텨냈는지 기록으로나마 듣고 싶다.

베트남에 세워진 한국군 증오비

한국은 박정희 정권 시절 베트남에 1964년 9월 11일 1차 파병을 시작으로 1973년 3월 23일 후발대가 철수를 완료할 때까지 미국의 우방국으로 베트남전쟁에 참전했다. 한국은 파병의 대가로 미국의 경제원조를 받아 일부는 경부고속도로를 건설하는 데 사용했다.[12]

2000년 6월 1일에 미국 국립문서기록보관소에 30년간 봉인되었던 자료들이 세간에 공개되었다. 이 중에는 베트남전쟁 한국군 민간인 학살에 대한 미군의 보고서가 포함되어 있었다. 당시 『한겨레21』이 공개한 보고서에는 1968년 2월 12일 꽝남성 디엔반현 퐁니·퐁녓에서 발생한 학살 현장 사진 20장이 첨부되어 있었다.[13] 참혹한 것은 대다수 피해자가 여성과 아이였다는 사실이다. 즉, 가족의 몰살이다. 보고서에 따르면 한국 해병대 1개 중대가 마을 주변을 지나던 중 어디에서인가 저격을 받자 마을을 공격했다고 한다. 대략 79명의 베트남 여성과 어린이들이 칼에 찔리거나 총에 맞아 죽었고, 한국 해병 1명이 사망했다고 한다. 이 외에도 수차례 크고 작은 민간인 학살이 자행되었다. 베트남 정치국 전쟁범죄조사보고서는 한국군에 의한 베트남 민간인 피해자를 5,000명으로 추정할 정도니 베트남 꽝응아이성에 한국군 증오비가 세워졌다는 사실이 전혀 놀랍지 않다.[14]

베트남전쟁 당시 미군과 연합군은 베트남 군대를 '물고기'로, 인민은 물고기가 사는 '물'로 비유했다.[15] 이 비유는 잔인했다.

물고기를 잡으려면 물을 퍼서 없애면 된다는 생각에 많은 인민을 학살했다. 그렇게 학살된 사람들은 대부분 노인과 아이, 여성이었다.[16] 한국군의 학살은 물고기를 잡기 위해서라기보다 물고기에 대한 보복성 학살에 가까웠다.[17] "쎄 싹 롱 싸잉 퐁 타이 박호"라는 말은 당시 베트남 게릴라 전사들 사이에 퍼졌던 구호다. 내용은 "청룡을 몰아내자, 백호를 떼죽음시키자"다.[18] 한국군의 만행이 어느 정도였는지 알 수 있는 대목이다.

그렇다면 이 집단 학살로 가족과 삶의 터전, 심지어 조상의 무덤까지 잃어버린 생존자들은 어떠한 삶을 살아왔을까? 거리의 시체와 무덤이 누구의 것인지, 내 가족이 언제 어디에서 죽었고 묻혔는지 파악하기조차 어려운 그곳에서 말이다. 영국 케임브리지대학의 인류학자 권헌익은 1994년부터 10년이 넘는 시간 동안 밀도 있는 현지 조사와 문헌 조사로 베트남인들의 기억을 재조명해 『학살, 그 이후』, 『베트남 전쟁의 유령들』로 엮었다.

이 글에 모든 것을 담을 수는 없지만, 인상적인 부분을 소개하면 이렇다. 기본적으로 베트남 정부는 전투 중에 사망한 군인들을 '영웅'으로 추대하고, 민간에서 만든 가족 사당과 마을의 신당에서 열사를 추도하게끔 했다. 권헌익의 표현대로 '전쟁 기념관을 친족의 영역에 넣은 셈'이다.[19] 그런데 이 정책으로 지난날 과학적 사회주의 정책으로 탄압받았던 민간의 조상숭배가 되살아났다. 하지만 군인은 친족을 가리지 않고 사당에 모셔졌고, 사당은 군인만이 아니라 전쟁 중 사망한 모든 이를 기리는 장소가 되었다. 더 나아가 의례의 장소는 사당에만 국한되지 않았다. 대규모 학살의 현장(예를 들면 논두렁 한복판)에는 증오비와 위령비가 세워졌고, 거리에서 죽어간 모든 사람을 기억했다. 여기에는 '한국인'도 포함되었다.[20]

베트남전쟁의 유령들: 상호 돌봄과 공유된 몸

많은 베트남인은 자국민은 물론이고 다국적 망자를 위해서도 일상적으로 추도를 올린다고 한다. 죽은 혼령에 대한 추도야말로 가장 중요한 치유의 의례일지 모른다. 그렇다고 이것이 한국 정부가 2000년 12월 베트남 정부와 함께 베트남전쟁 희생자 추모비를 세우며 내세웠던 공동 결의인 "비극적 과거를 잊지는 말되 초월한다"처럼 '초월'이라고는 생각하지 않는다.[21]

권헌익은 베트남전쟁 학살을 종횡으로 엇갈리는 도덕적·정치적 양극성의 견지에서 바라보아야 하는 복잡한 사건이라고 이야기한다(예를 들면 좋은 죽음 대 나쁜 죽음, 공산주의 음모 대 제국주의 야욕과 내통).[22]

한국군의 만행에 대한 증오의 기억은 쉽게 '초월'할 수 있는 것이 아닐지 모른다. 특히 생존자의 몸에 새겨진 그날의 기억을 지워내는 것은 불가능할지 모른다. 권헌익이 소개한 다음의 사례는 이를 잘 대변해준다. 앞서 소개한 희생자 추모비 설립을 위해 참전했던 한국군들이 해당 마을을 직접 찾아간 일이 있었다. 이때 학살 생존자는 추모비가 세워진 이후 2년간 밤마다 괴로운 꿈에 시달렸다고 한다. 이들의 몸이 '꿈' 속에 불러온 기억들은 다음과 같았다.

"때로는 눈이 붉게 충혈된 얼굴 없는 군인들, 학살 이후의 묘한 정적, 군인들의 소름 끼치는 웃음소리, 잊지 못할 시체 타는 냄새에 관한 악몽을 꾸었고, 때로는 별로 괴로워하지 않는 듯 보이는 죽은 친척들, 마을 아이들을 목말 태워주던 외국 군인들, 마을 사람들이 꼰닌 기지의 병사들과 물물교환하던 쌀과 시레이션(미군 전투식량)에 관한 상서로운 꿈을 꾸기도 했다."[23]

고통스러운 기억은 한 세대가 지나도 단 한 번의 계기로 되살아나기도 한다. 전쟁의 참혹함은 꿈을 통해 생생히 재현되었다. 꿈은 실재가 아니라고 무시할지도 모르겠다. 혹은 '외상 후 스트레스 장애'라고 설명하며 치료로 극복해보자고 할지도 모른다. 그렇지만 권헌익은 꿈보다 비실재적인 존재와의 공존으로 베트남인의 삶을 소개한다. 그는 '유령 관념'으로 현지인의 치유적 삶을 보여준다. 새벽에 밭을 갈러 가면서 죽은 부인과 자식들의 유령을 만났다는 등 일상에 출현하는 유령은 베트남인에게 매우 흔했다.

베트남인들이 말하는 유령은 서구에서 이야기하는 실존하지 않는 공포스러운 상상 속 존재와 다르다. 베트남의 유령은 인간과 상호작용하는 실제 존재다. 유령의 존재를 인정하지 않으면 조롱이나 비판을 받는다고 한다. 권헌익은 전자가 '문화 상징'으로서 유령이라면, 후자는 '자연 현상'으로서 유령이라고 이야기한다.[24] 권헌익은 유령이 베트남인의 일상 속에서 공존하는 것은 베트남전쟁으로 말미암은 수많은 죽음이 참혹하고 억울하기 때문이며, 그것이 제대로 해명되고 풀리지 않았기 때문이라고 보았다. 즉, "혼과 유령에 대한 베트남인들의 담론에는 비판적인 역사적 의미가 풍부하게 담겨 있고, 이 담론이 널리 확산되는 이유는 정확히 그것을 통해 당대의 삶에서 중대한 의미를 갖는 도덕적, 정치적 쟁점에 개입할 수 있기 때문이다"라고 지적한다.

베트남의 유령에는 조상이 아닌 이름 모를 영혼도 포함된다. 내 가족이 집이 아닌 낯선 곳에서 죽음을 맞이한 것처럼 집 없이 떠도는 영혼들을 위로하는 것을 일종의 '상호 돌봄의 의례적 관계'로 받아들이고 있었다. 권헌익은 이것을 "폭력적인 죽음으로 고통받는 자들에 대한 공동체적 숭배"와 "결속을 위한 초종족적 동원을 의례로 도입"한 것이라 소개한다.[25] 즉, 누군가의 가족일 유령을 서로 돌보는 의례를 수행함으로써 새로운 '친족 관계'를 '발명'했다고 보았다.

아픔을 공유하며 생물학적인 친족 기준을 초월한 베트남의 역사가 멀게는 제주 4·3항쟁을, 가깝게는 4·16 세월호 참사를 경험한 우리의 삶을 되돌아보게 만든다. 그런데 유령을 환대하는 것은 여기서 끝나지 않는다. 권헌익이 소개한 베트남의 유령에게 '몸-빌려주기'는 더욱 많은 것을 생각해보게 한다.

권헌익은 한 소녀의 몸에 억울하게 객사한 혼령들은 물론이고 전쟁 유령들이 접신한 사례를 자세히 소개한다. 그의 설명에 따르면 혼령이 들어오는 '몸'은 개인의 것이 아니라 공유지나 공원 같다고 한다. 즉, 누구에게나 개방되어 있고, 또한 반드시 나가야만 하는 규칙이 있다고 한다.[26]

주민들은 몸에 들어온 혼령과 자연스럽게 이야기를 나누고, 그들의 한 맺힌 이야기를 듣고 해결해준다. 한여름 공포 영화에 나올 법한 허무맹랑한 이야기처럼 들릴지도 모르지만, 유령에게까지 열려 있는 이들의 몸과 마음이 매우 인상적이었다. 물론 우리가 세상을 이해하고 해석하는 설명 모델로는 이러한 현상을 있는 그대로 받아들이기 어려울지 모른다.[27] 하지만 나는 베트남인들이 물리적으로 입증하기 불가능한 유령들을 위해 기도하고, 기꺼이 몸을 빌려주며 대화하고, 더 나아가 넓은 범위의 친족으로 받아들이는 행위를 통해 베트남전쟁이 남긴 대학살의 아픔을 극복하려 한다는 '사회적 사실'에 주목한다.

국가가 보장한 '빨갱이 사냥'

베트남전쟁 민간인 대학살을 이야기하며 멀게 돌아왔지만, 이 모든 것은 우리의 현재를 이야기하기 위해서였다. 이제 제주 4·3항쟁을 살펴보자. 강준만의 『한국 현대사 산책』에 묘사된 4·3항쟁은 국가권력으로 포장된 깡패의 광기 어린 활보 같았다.[28] 살인과 고문에 중독된 깡패들의 활보 말이다. 이념이나 민족은 학살을 정당화하려는 거짓 명분일 뿐이었던 것 같다. 왜 제주도민을 죽여도 되었는지, 왜 살인이 허락되었는지 알고 있었는지 의문이 들 정도였다.

내 묘사가 거칠다는 것을 안다. 하지만 한참 책을 덮어놓고 숨을 골라야 했다. 이성을 다잡기 힘들었다. 제주 4·3항쟁 당시 정부의 작전 명령으로 소탕된 것은 대부분 노인과 부녀자, 아이들이었다. 무장대의 기습으로 군인이 몇 명이라도 피살되면 그에 대한 보복으로 많은 학살을 저지르고 가옥을 불살랐다. 경찰, 서

　　　　　　　　　　하나. 가족의 아픔

북청년회 등 우익 청년 단체, 토벌대의 행위는 20여 년 후 베트남전쟁에서 벌인 한국군의 행태와 소름 끼치도록 유사했다.

제주 4·3항쟁은 1948년 4월 3일 새벽 2시에 무장대 350명이 경찰과 우익 단체의 탄압에 저항하며, 통일과 반미 구국 투쟁을 기치로 삼아 제주도 내 경찰지서 열두 곳을 일제히 공격하면서 시작되었다.[29] 이 사건은 1954년 9월 21일 한라산의 금족禁足 지역이 완전히 개방되기까지 거의 6년 6개월간 지속된 대규모 유혈 사태다. 당시 제주도 인구 30만 명의 10분의 1인 3만여 명이 살해당했다.

1945년 해방 이후 북한이 사회주의 체제로 자리 잡아가면서 남한에서 좌우 간의 충돌이 격해졌고, 민중은 좌우 양자택일을 강요받았다. 심지어 해방을 기념하는 3·1절에도 우파와 좌파가 따로 기념 대회를 개최했고 유혈 사태까지 발생했다고 한다. 특히 제주도에서는 1947년 3·1절에 무장 경찰이 군중에 발포해 6명이 숨지고 6명이 중상을 입는 일이 발생했다. 3월 10일에는 이에 항의하는 민관 총파업이 벌어졌다. 이러한 일련의 물리적 충돌은 점점 더 깊어져갔고 결국 1948년 제주 4·3항쟁의 씨앗이 되었다.[30]

이승만은 1948년 12월 10일 서북청년회 총회에 참석해 "제주도 4·3사태와 여수, 순천 반란 사태로 전국이 초비상사태에 돌입했다. 이 국난을 수습하기 위해 사상이 투철한 서북청년회를 전국 각지에 배치하겠다"고 선언했다.[31] 사상이 '건전'하다던 서북청년회는 4·3항쟁 이전에는 주로 엿장수로 일하며 이승만 사진과 태극기를 강매하며 지냈다고 한다. 4·3항쟁이 발발한 이후 이들은 경찰과 군인으로 전환되었다. 이들의 만행에는 투철하고 건전한 '사상'이란 존재하지 않았던 듯하다. 당시의 증언은 이렇다. "군인도 아니고 경찰도 아니고 사람 피쟁이(백정) 서북청년단들, 다 사람 백정이지……순 엿장수나 하던 무식한 것들이지……조금만 거슬리면 잡아다가 총대가리로 때리고, 죽였지……시계 달라고 해서 안 주면 죽여버렸지……지옥살이하듯 죽지 못해 살았지."[32]

이러한 서북청년회에 국가권력으로 날개를 달아준 이는 이승만이었다. 심지어 1949년 1월 21일 이승만은 국무회의 자리에서 "가혹한 방법을 동원해서라도 제주 4·3사건을 완전히 진압해야 한국의 중요성을 인식하고 있는 미국의 원조가 가능하다"고 지시했다.[33] 원조를 제공하려던 미국 역시 제주 4·3항쟁 이후 초토화 작전의 책임을 면할 수 없다. 당시 미군 장교가 4·3항쟁 진압을 직접 지휘했다는 증언도 나왔으나 정확한 진상 파악은 어렵다고 한다. 그렇지만 미국이 '인간 사냥'을 방조하거나 부추겼다는 데는 이견이 없다. 제주 4·3항쟁에 대해 미군정이 작성한 정보 보고서에서는 군대 · 경찰 · 우익 청년단체의 토벌을 '레드 헌트Red Hunt'로 명시했다. 제주도민을 사냥해야만 하는 '동물'로 본 셈이다.[34]

애도되지 못한 유령들의 공간

제주 4 · 3항쟁의 여파는 세월이 흘러도 쉽사리 없어지지 않았다. 제주도민은 이승만 정권의 '빨갱이 섬'이라는 낙인 속에서 살아야 했다. 제주도 출신 소설가 현기영은 제주 4 · 3항쟁의 여파를 담은 소설 『순이 삼촌』에서 이렇게 이야기한다. "역대 독재 정권들은 공포 정치를 통하여 4 · 3을 금기의 영역에 묶어놓고, 그 사건에 대한 도민의 집단적 기억을 폭력적으로 말살하려고 해왔다.……비참한 사건에 대한 도민의 집단적 기억을 말살하는 정치를 '망각의 정치'라고 한다."[35]

이러한 여파는 민주 정부가 들어서고 1997년 제주도의회가 희생자 조사를 할 당시까지도 이어졌으며, 많은 유족이 연좌제에 대한 불안감으로 신고를 기피했다고 한다. 나는 불안감에 숨죽이며 미동도 하지 않으려 했던 유족의 모습을, 50여 년 전 학살을 목전에 둔 민중의 모습에서 유추해볼 수 있었다. 제주 4 · 3항쟁 이후 빨갱이 소탕 작전이 극렬히 진행된 그해 12월, 미국

기자가 10월 26일과 27일에 있었던 여수 진압 작전의 실상을 보여준 다음 기사를 통해서다.

"나에게 가장 무섭고 두려운 징벌의 장면을 말하라고 한다면, 보고 있는 아녀자들의 숨 막힐 것 같은 침묵과 자신들을 잡아온 사람들 앞에 너무나도 조신하게 엎드려 있는 모습과 그들의 얼굴 피부가 옥죄어 비틀어진 것 같은 그 표정 그리고 총살되기 위해 끌려가면서도 그들은 한마디 항변도 없이 침묵으로 차례를 기다리고 있다는 사실이었다. 한마디의 항변도 없었다. 살려 달라는 울부짖음도 없고 슬프고 애처로운 애원의 소리도 없었다. 신의 구원을 비는 어떤 중얼거림도 다음 생을 바라는 한마디 호소조차 없었다. 수 세기가 그들에게 주어진다 해도 이런 상황에서 그들이 어떻게 울 수조차 있었겠는가."[36]

침묵하며 조신하게 자신이 죽을 차례를 기다리는 장면, 그 숨 막히는 정적. 이는 베트남전쟁의 생존자가 기억하는 2시간 남짓의 "대량 학살 이후의 묘한 정적"을 연상하게 한다. 죽임을 당하기 전과 죽임을 당한 후 그 두려움으로 응축된 시공간. 그 어떤 설명과 분석으로도 당시 희생자들의 절망과 공포를 형용할 수 없을 것이다. 그것을 직접 경험한 생존자라면 그 기억은 수십 년

이 지나더라도 쉽사리 잊히지 않을 것이다.

'휴양지' 제주도는 사실 4·3항쟁 당시 학살당한 시체가 도처에 묻혀 있는 땅이다. 홍승혜는 이곳을 "애도되지 못한 유령들의 공간"이라 명명했다.[37] 떼죽음당한 유골들이 개발 현장에서 우연히 발견되고 뒤늦은 합동 장례식을 거행하는 곳이 제주도다.[38] 그런데도 연좌제를 위시한 공안의 감시가 지속되어왔기에 베트남처럼 망자들이 제주도민의 일상에 '사회적 사실'로 등장하지 못했다. 제대로 된 제사상 역시 기대할 수 없었던 시절이 있었으니 말이다.

그렇지만 제주도에도 언제 어디에서 왜 죽임을 당해야 하는지 몰랐던 이가 3만 명에 달하지 않는가? 구천을 떠도는 억울한 혼령이 있다고 한들 무엇이 이상하고, 이름 모를 시체들이 우연히 발견된들 무엇이 놀라울 일인가? 1980년 제주도에서 태어난 제인 진 카이젠Jane Jin Kaisen은 2014년 제주 4·3항쟁을 다룬 다큐멘터리 〈거듭되는 항거Reiterations of Dissent〉를 선보였다.[39] 스크린 속에는 음산한 기운 속 시커먼 까마귀 떼가 비친다. 떨리는 남성의 목소리가 스크린을 뚫고 제주 4·3항쟁을 구술한다. "까마귀들만 신나 있었다. 사람들은 언제 죽을지 몰라 두려움에 몸서리치고 있었다."[40]

홍승혜는 카이젠의 영화를 분석하면서 '유령'이라는 메타포에 주목한다. 권헌익이 베트남전쟁 사망자들을 '유령'에서 찾았던 것처럼 말이다. 홍승혜는 사회학자 에이버리 고든Avery F. Gordon의 『유령적인 사건들: 유령의 출몰과 사회학적 공상의 산물Ghostly Matters: Haunting and the Sociological Imagination』을 인용하면서 '유령스러움'이 오늘날 "기억되지 못한 과거의 흔적"이라고 언급한다.[41] 유령은 부조리한 권력에 희생되고 잊힌 사람을 뜻하며, 이들을 사유하는 것은 지워져버린 그들의 흔적을 찾아가는 것으로 보았다.

그러니 남은 사람들은 죽음 앞에 조신할 수밖에 없었던 그날의 공포를 스산한 봄바람이 불 때마다 기억해내야 한다. 그리고 그 노력은 이를 기억하는 몸이 그 스산한 봄바람을 따뜻한 산들바람으로 느낄 때까지 이어져야 한다. 그제야 비로소 제주에도 진정 봄이 왔다고 선언할 수 있을 것이다.

국가권력에 희생당한 억울한 혼령들

마지막으로 세월호 참사 이야기를 하려 한다. 우리에게는 4년간 세월호 희생자들을 기리는 정부합동분향소가 있었다. 팽목항에도 수없이 많은 노란색 리본과 영혼을 달래기 위해 놓아둔, 희생자들이 생전에 좋아했던 물건이 놓여 있었다. 많은 사람이 그림과 조형물, 음악으로 단원고 학생들과 일반인 희생자의 영혼

하나. 가족의 아픔

을 달래주었다. 광화문 광장에서는 참사 이후 지속적으로 희생자를 추모하고 기억하는 공간을 유지하고 있다.

그곳에서 모든 시민은 일시적으로나마 희생자의 영혼과 접속한다. 나 역시 희생자들의 사진 앞에 서서 한동안 말을 잊지 못하고 눈물을 삼키던 기억이 생생하다. 그들은 그 순간 이후 내 몸에 거주하기 시작했다. 희생자들은 자신을 잊지 않고 기억하고자 하는 사람들의 삶 속에서 실재하는 사회적 사실로 살아 숨 쉬고 있다. '상징'인 유령이 아닌 '자연현상'과 같이 우리의 오감을 자극하면서 말이다. 그렇지만 권헌익이 베트남에서 보았던 초월적인 친족 관계 형성과 열려 있는 '몸-빌려주기' 같은 행위까지 있었는지는 의문이다.

세월호 참사와 관련해 기억에 남는 한 인물이 있다. 스스로 곡기를 끊고 죽은 딸 곁으로 갈 결심으로 세월호 참사의 진실 규명을 외치던 김영오다. 40일째 되던 날 거의 '유령' 같은 몰골을 한 그는 건강 악화로 병원으로 응급 후송되었다.[42] 부조리한 국가 권력에 희생당한 억울한 혼령들을 대변하는 것 같았다. 그의 외침은 나라 밖 프란치스코 교황에게까지 들렸다. 그런데도 정부와 집권 여당, 극우 단체에는 전달되지 못했다. 심지어 그 앞에서 '폭식 투쟁'까지 저지른 사람들도 있었다. 그는 살아 있지만 보이지 않는 '유령' 같았다. 단식하던 김영오 앞에서 벌인 극우 단체들의 행패와 권력을 쥔 정치인들의 무관심은, 그가 진짜 유령이 되기를 바랐던 것은 아닌지 착각이 들 정도였다.

총성이 울리지 않고 비명도 없었지만 김영오의 단식 농성장은 잔혹하기 그지없는 학살 현장이 아니었을까? 그의 옆에서 함께 곡기를 끊고, 몸과 마음을 열고 가족이 되어준 이가 지금 대한민국의 대통령이 되었다. 문재인 대통령은 베트남전쟁 때 한국군에게 학살된 민간인들에게 진심 어린 유감을 표했으며, 제주 4·3항쟁 유가족들과 생존자들에게 사과하고 완전한 해결을 약속했다. 이제 남은 것은 수많은 국민의 마음에 살아 숨 쉬고 있는 세월호 희생자들의 혼령을 달래주는 일이다. 상상만으로도 심장이 요동친다. 이렇게나.

하나. 가족의 아픔

둘.

낙인의

아픔

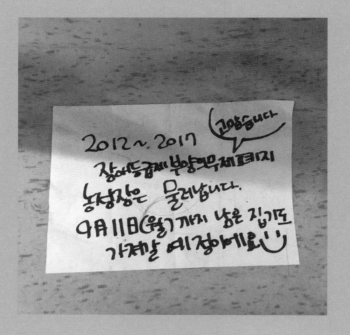

'장애등급제 · 부양의무제 폐지 광화문농성'은 2012년부터 광화문역사 한켠에서 장애인 단체 주도로 5년 넘게 계속되었다. 문재인 정부는 장애등급제 폐지 및 장애인권리보장법 제정을 통한 중증장애인의 지역사회 독립생활 지원과 탈시설, 지역사회 중심으로 장애인 정책 방향 전환, 부양의무자 기준 단계적 폐지 등을 약속했고, 2017년 9월 5일부로 농성장은 철수했다.

낙인을 찍는 칼날 같은 시선

■

2017년 9월 10일 광화문역 통로 한편에는 책상과 의자들이 쌓여 있었다. 평소 장애인등급제 · 부양의무제 철폐를 요구하는 농성장이 있던 자리다. 가까이 다가가니 사진처럼 '고맙습니다'라는 문구와 함께 2012년부터 지속해온 농성장을 정리한다는 안내문이 놓여 있었다. 문장 끝에 그려진 '웃음' 표시를 보니 말 그대로 '기뻤다.' 촛불집회가 가져온 또 하나의 성과였다. 그동안 부정수급자라는 '낙인'으로 얼마나 아파해왔을까. 그런데 장애인에 대한 '낙인'은 이것으로 일순간에 사라지진 않은 듯했다. 9월 5일에는 장애인 특수학교 설립을 애원하는 어머니들의 '무릎 사죄' 사진이 인터넷에 올라왔기 때문이다. 비정상이라는 이유로 장애인은 한국 사회에서 여전히 혐오의 대상이 되고 있었다. 이번에는 장애인에 대한 낙인의 시선에 대해 이야기해보려 한다. 즉, 비정상적으로 '보이는' 몸에 대한 낙인의 기록이다.

정반대로 정상의 몸을 지녔는데도 낙인의 시선에서 예외가 되지 못하는 사람들에 대해서도 이야기해보려 한다. 그것은 바로 여성의 몸이다. 구체적으로 2018년 3월부터 확산되고 있는 미투 운동을 다룬다. 미투 운동은 한국 사회에서 정상적인 '여성의 몸'을 지닌 것만으로도 '수치'이며 낙인을 찍는 폭력적 시선에 노출되어 있음을 여실히 보여준다. 성폭력의 피해자가 오히려 잘못을 한 것처럼 숨어 지내고 자책하며 살아야 하는 사회라니. 여성의 몸을 갖고 태어난 것이 죄란다. 숨이 막힌다. 이처럼 사회적으로 법적으로 구제의 대상이 되어야 함에도 장애인과 성폭력 피해 여성은 사회에서 몸을 드러내지 못하도록 내몰리고 있다. 아마도 그들이 정상으로 인정받는 경우는 사회에서 '보이지 않을' 때일지 모른다. 이때 시선은 진정 칼날과도 같다.

왜 무릎을 꿇어야만 했는지

유학 시절 사진 한 장을 두고 지도 교수와 많은 이야기를 나눈 적이 있다. 악성 고객의 '갑질' 횡포와 이를 방치하는 매장의 행태를 고발하는 기사에 실린 것으로, 여성 직원 두 명이 무릎을 꿇고 고개를 숙인 사진이었다.[1] 영국인 교수는 그 사진을 이해하지 못했다. 도대체 무엇을 얼마나 잘못했기에 이렇게 굴욕적인 자세를 성인 여성이 취하고 있느냐고 물었다. 교수는 백화점 점원이 범법자처럼 취급당하는 것을 이해하지 못했고 그렇게 시킨 고객도, 그것을 따르게 지시한 매장 측도 도저히 이해하지 못했다. 이러한 상황을 순순히 받아들인 여직원들 또한 이해하지 못했다. 성인이 무릎을 꿇다니, 그들이 지은 죄는 무엇인가? 고객이 원하는 서비스를 제공하지 못한 것? 정말 이것만으로 이렇게까지 모욕적인 자세를 취할 일일까?

그런데 최근 거의 동일한 사진을 보았다. 이번에는 전에 보았던 '무릎 사죄'보다 훨씬 감정을 통제하기 어려웠다. 이해가 되지 않는 것을 넘어 분노했다. 2017년 9월 5일 올라온 사진으로, 사진 속 인물은 자녀를 둔 어머니들이었다. 그들은 함께 무릎을 꿇고 울고 있었다. 그들의 자녀는 장애인이었다. 이 사실 하나 때문에 어머니들은 '무릎 사죄'를 하고 있었다. 장애인 자녀를 둔 것이 '죄'가 된다니. 어떻게 이렇게 잔인할 수가 있을까? 충격을 받은 것은 나뿐만이 아니었다. 사진 관련 기사가 삽시간에 급속도로 퍼졌다. 사진은 '강서 지역 특수학교 설립을 위한 교육감과의 대화' 자리에서 벌어진 일이었다.

사회가 혐오하는 장애 아이들을 세상 밖으로 나오게 하겠다고 어머니들이 사죄하는 사진을 보며 정말 많은 감정과 생각이 소용돌이쳤다. 그 모욕을 견디면서까지 자녀의 교육권을 지키고자 한 어머니들의 용기에 마음이 아프고 존경심마저 들었지만, 내가 주목한 것은 바로 그 '무릎 꿇은' 모습이 쏘아주는 한국 사회의 비애였다. 오늘날은 범죄자에게도 이러한 굴욕적인 자세를

　　　　　　　　　　　　　　　　　　　　둘. 낙인의 아픔

취하게 하지 않는데, 자녀가 장애를 갖고 태어났다는 사실 하나만으로 자존감을 짓밟는 '상징적 처벌'을 가하다니 도저히 마음이 진정되지 않았다. 자녀를 사랑하고 아끼는 것이 죄가 되고, 치욕스러운 자세까지 취하도록 하다니 아무리 전후 상황을 확인해 보아도 이성적 판단을 내리기 어려웠다. "저거 다 연기야", "저 사람들 다 강서구 주민 맞는지 조사해"라고 외친 지역 주민들의 항변에 온 가슴에 생채기가 났다.[2]

장애인 특수학교와 국립 한방병원을 둘러싼 대립

사태의 전말은 이렇다. 서울시 강서구에 있는 공진초등학교가 폐교하고 2013년 11월 25일 서울시 교육청은 그 자리에 장애인 특수학교 설립을 예고했다. 그런데 자유한국당 김성태 의원이 총선을 앞두고 공진초등학교 자리에 국립 한방병원을 설립하겠다고 공약을 내걸었다. 그리고 그가 주민의 기대를 안고 국회의원에 당선되었다. 하지만 당시 공진초등학교 부지는 엄연히 학교 용도로 서울시 교육청이 사용하게 되어 있었다. 국회의원이 병원을 세우겠다는 공약을 내건다고 쉽사리 성사될 일이 아니었다. 인근에 대한한의사협회가 있고, 공진초등학교 바로 옆 길에 '허준 테마거리'가 조성되어 있으니 적합해 보였을지 모른다. 그렇지만 학교 용지에 한방병원을 짓겠다는 계획은 "김성태 의원이 만든 가공의 희망"이라는 비판을 받았다.[3]

사태가 벌어지고 나서 공진초등학교를 찾아갔다. 지하철 9호선을 타고 가양역에 내리니 눈앞에 보이는 것은 온통 아파트뿐이었다. 눈에 띄는 상권은 보이지 않았다. 폐교된 초등학교 부지에 서보았다. 공진초등학교를 중심으로 주변을 살피니 갈등의 씨앗을 직접 확인할 수 있었다. 언론에 부각되지 않는 장면이지만, 이곳에 서면 직감적으로 알 수 있다.

공진초등학교는 부자 동네와 가난한 동네의 '경계선'에 자리 잡고 있었다. 새로 지은 고층 고급 아파트 단지와 오래된 낮은 임대 아파트 단지가 공진초등학교를 경계로 나누어져 있었다. 고급 아파트 쪽 경계선에는 허준 테마거리가 조성되어 있었다. 고급 아파트 쪽에서 바라보면 허준 테마거리 뒤에 있는 폐교 자리에 웅장한 국립 한방병원을 세우면 상권이 살 것이고, 동시에 오래된 임대 아파트도 가려질 것이다.

고급 아파트 앞에는 현수막이 걸려 있었다. "김성태 의원은 국립 한방병원 설립 공약, 즉시 이행하라!", "우리 가양동 주민은 국립 한방병원에서 일도 하고 치료도 받고 싶어요." 바로 옆 아파트 상가에도 현수막이 있었다. "서울시 교육청이 국립 한방병원을 빼앗아가려 합니다. 보건복지부의 타당성 조사 결과 공진초 이적지 1위-강서구 특수학교 설립반대추진 비상대책위원회", "서울시 교육감 조희연은 지적 장애 특수학교 설립, 즉각 중단하라!" 현수막을 읽으며 2가지 문구가 눈에 띄었다. "일도 하고 치료도 받고 싶어요"와 "빼앗아가려 합니다"였다. 고급 아파트 앞에 걸린 일을 하고 싶다는 표현이 어울리지 않아 보였고, 정말 치료를 받을 곳이 없어서 그런 것인지 의아했다. 그리고 서울시 교육청이 국립 한방병원을 빼앗는다고 했는데, 사실은 국회의원 1명과 그에게 설득된 주민들이 학교 부지를 빼앗으려 하는 것이 아닐까? 현수막들이 맞은편 허준 선생의 인술仁術을 홍보하는 거리 조형물들을 초라하게 만들지는 않았는지 모르겠다.

빈부의 갈등 위에 세워진 학교

그런데 애초에 왜 멀쩡한 학교가 폐교되었을까? 그것도 시골도 아닌 서울에서 말이다. 공진초등학교에 서보니 직감적으로 느껴지는 것이 있었다. 경제적으로 전혀 다른 아파트 단지에서 온 학생 사이에 갈등이 있었을 것이다. 학교 왼쪽에 집이 있는지, 오른쪽에 집이 있는지로 학생들이 둘로 나뉘었을 것이다. 그리고 이 갈등은 학부모 사이에서 더 강화되었을 것이다.

자료를 조사해보니 이러한 예측은 불행히도 빗겨나지 않았다.

한국 사회에서 '장애'는 단순히 신체적·심리학적 기능 부전에 머물지 않는다. '장애'의 범위는 사는 곳이 어디인지, 그리고 경제적 지위와도 밀접히 연결되어 있었다.

"'학교 지켜주세요' 공진초교의 눈물"은 2011년 기사 제목이다.[4] 당시 공진초등학교 학부모들은 거리에서 서명운동과 선전을 하면서 전교생이 189명에 불과한 공진초등학교의 폐교를 막고자 했다. 이곳은 전교생의 70퍼센트가량이 기초생활수급자였다고 한다. 한 부모 가정, 조손가정, 소년소녀가정 등 대부분 저소득층이었다고 한다. 당시 공진초등학교는 어려운 처지를 서로 돕는 특유의 '돌봄 문화'가 학부모와 교사 사이에 자리 잡은 우수 학교였고 이로 인해 수차례 교육감상을 받기도 했다.

1992년, 공진초등학교는 도시 개발과 임대 아파트 건설과 함께 개교했다. 이후 주변에 아파트가 세워졌지만 초등학교는 없었으므로, 새로 들어선 고급 아파트 단지 아이들도 공진초등학교에 다녔다. 고급 아파트 주민들은 자신의 자녀가 저소득층 아이들과 함께 교육받는 것에 불만을 토로했고('질 나쁜' 아이들에 대한 민원을 자주 넣었다고 한다), 결국 1994년 6월에 길 하나 건넌 곳에 탑산초등학교가 설립되었다. 이후 임대 아파트에 거주하는 학생들은 선택의 여지없이 공진초등학교에 가야 했고, 다른 아파트에 사는 학생들은 탑산초등학교와 공진초등학교 중 어디에 갈지 선택했다고 한다. 결국 공진초등학교는 못사는 아이들이 다니거나 문제아가 많은 학교로 낙인찍히게 되었고, 점차 학생 수가 줄었다.[5] 그 결과 2015년 2월 공식 폐교 조치되었다.

공진초등학교의 역사는 한국 사회의 부자와 빈자의 갈등 문화를 극명히 보여준다. 장애인 특수학교 설립 반대 목소리의 원인은 결국 공진초등학교 폐지로까지 거슬러 올라가야 한다. 가난한 아이들은 가지 못하는 학교가 있고, 장애를 가진 아이들이 갈 수 없는 학교가 있다. 과연 한국 사회에서 '장애'란 어디까지를 포함하는 것인지 강한 의문이 든다. 2011년 저소득층 학생을 위해 우수 학교를 지키려 했던 학부모의 모습이 2017년 장애인 특수학교 설립을 요청하는 학부모의 모습과 교차한다.

장애인은 '오염'된 '경계인'인가

이제 '장애'의 문제를 생각해보자. 장애인 특수학교를 반대하는 주민들의 목소리는 이랬다. "장애인이 많으면 동네 분위기가 안 좋아져", "집값 떨어져서 안 돼." 이 주장에 근거가 없다는 것은 실제 사례(경남 창원시 웅천초등학교)와[6] 부산대학교 교육발전연구소의 연구 결과(특수학교 설립이 주변 부동산 가격에 미치는 영향은 미미하다)로 반박할 수 있다.[7] 문제는 지역 주민의 반발이 이 같은 근거를 제시한다고 쉽게 사그라지지 않는다는 데 있다. 이들은 왜 장애인 특수학교를 혐오 시설로, 장애인을 기피 대상으로 보게 되었을까?

여기서 나는 내 어릴 적 경험을 이야기하려 한다. 초등학교 5학년 시절 내 앞자리에는 닭집 딸 A가 앉았다. 급우들은 A와의 신체적 접촉을 극도로 싫어했다. 마치 '불결'한 것이 옮기라도 하듯이 살짝이라도 닿을 때면 소스라치게 놀라고는 했다. 나 역시 예외는 아니었다. 누가 더 과장되게 소리를 지르는지 경쟁하다시피 했다. A는 실제로 더럽거나 불쾌한 냄새를 풍기지 않았다. A를 불결한 존재로 인식하게 만든 것은 그 아이가 불편한 냄새가 나는 닭집의 딸이라는 사실뿐이었다. 아이들 눈에 고상하지 못한 일을 하는 집 딸이라는 사실이 아이들이 A를 자신과 다른 사람으로 받아들이게 한 듯했다.

그런데 유일하게 A에게 자연스럽게 접촉하기도 하고, 이야기를 나누기도 하는 남학생이 있었다. 그런데도 그 남학생은 누구에게도 조롱받지 않았고, 오히려 존중받았다. 그 남학생은 반장이었다. 부자 아파트에서 살며 공부도 잘하고 옷도 깔끔하게 입고 다녔다. 그리고 성실했고 무엇보다 매우 착했다. 나를 포함해 다른 아이들은 A와 접촉하면 오염된다고 믿었지만, 반장은 예외였다. 내가 A의 가방을 만진 손으로 만지려 하면 소스라치게 놀라던 아이들도 반장이 그렇게 할 때는 동요하지 않았다.

반장과 A에 대한 경험은 내게 '오염'이 어떤 절대적인 물리적 더러움의 결과가 아니라는 사실을 깨닫게 해주었다. 훗날 인류학을 공부하면서 좀더 알게 되었다. 영국의 인류학자 메리 더글러스Mary Douglas는 "오물은 사물의 체계적 질서와 분류들의 부산물"이자, "오물이 있는 곳에는 반드시 체계가 존재한다"고 지적했다.[8] 즉, 오물을 '상대적' 관념으로 보았다.

오물이 오물로서 인식되는 것은, 정해진 체계와 질서를 혼란시켰을 때다. 예를 들면, 식탁에 놓인 음식은 오물이 아니지만 옷에 묻은 음식은 더러운 것이다. 신발장에 놓인 신발은 오물이 아니지만, 식탁에 놓였을 때는 더러운 것으로 인식된다. 이러한 의미에서 닭집 딸이었던 A는 급우들의 눈에 '있어야 할 곳을 벗어난 불결한 존재'였을지 모른다. 임대 아파트에서 살던 아이들은 공진초등학교에 다녀야 했고, 고급 아파트에 사는 아이들은 길 건너 탑산초등학교에 다녀야 했던 것처럼 말이다.

장애인에 대한 시선 또한 크게 다르지 않다고 본다. 미국 컬럼비아대학 인류학과 교수였던 로버트 머피Robert Murphy는 52세에 척수종양 진단을 받았다. 머피는 몸이 굳는 마비 증세로 휠체어에 의지한 채 생활하며 장애학의 기념비적인 『침묵하는 몸 The Body Silent: The Different World of the Disabled』을 집필했다. 이 책에는 그가 장애인으로서 미국 사회에서 살면서 경험한 낙인들이 기록되어 있다. 머피는 명확히 지적한다. "어떤 사람이 사회에 완전히 참여하는 데 있어 가장 큰 장애물은 그의 신체적 결함이 아니라, 오히려 사회가 그러한 결함에 덧붙인 일련의 신화, 두려움, 오해들이다."[9]

더글러스의 주장을 덧붙이면, 장애인의 몸은 정상으로 정의한 체계를 벗어난 몸이다. 그러하기에 불결하고, 쉽게 두려움과 회피의 대상으로 전락한다. 머피는 자신의 경험을 통해 장애인에 대한 비장애인의 태도를 격렬히 비판한다. "모든 차별과 편견에는 얼마간의 단순하고 근거 없는 비열함이 존재한다. 편협하고 완고한 신앙은 경계를 가리지 않는다."[10]

그렇다. 장애가 있는 사람에게 낙인찍는 시선과 경멸은 '비열'했다. 비열함에는 근거가 없었고, 편협하기가 신앙과도 같았다. 장애인 특수학교 설립과 관련한 혼란에 주요 원인을 제공한 김성태 의원이 장애인 부모의 절규와 특수학교 설립 반대 주민의 고성이 오가는 자리를 유유히 빠져나가는 모습을 영상으로 보았다.[11] 그 누구의 제재도 받지 않고 여유롭게 자리를 피하면서, 모든 책임을 서울시 교육청에 떠넘긴 채 미소 짓는 듯한 표정을 보였다. 순간 머피의 표현이 떠올랐다. 정말 '비열하다.'

더글러스의 오염에 대한 정의를 따르면, 장애인은 공간적으로 제한되어야 한다. 장애인은 비장애인의 눈에 보이지 않을 때만 '깨끗한' 존재로 지닐 수 있으며, 자신을 사회에 드러내는 순간 '더러운' 존재로 인식된다. 이렇게 더글러스가 장애인을 공간적 제약을 지닌 존재로 보았다면, 머피는 조금은 다른 시각을 보여준다. 머피는 자신의 경험을 통해 장애인을 '경계성liminality' 존재로 보았다. 그는 장애인이 "아픈 것도 건강한 것도 아니고, 죽은 것도 완전히 살아 있는 것도 아니며, 사회의 외부에 있는 것도 완전히 내부에 있는 것도 아니다"라고 말한다. 머피는 장애인은 환자가 아니라고 보았다. 왜냐하면 질병에 걸렸다는 것은 "죽음 또는 회복 중 어느 하나로 이행"해가는 것인데, 장애는 영구적으로 남아 있기 때문이다.[12]

여기에는 더글러스와 다른 시간 개념이 담겨 있다. 즉, 장애인은 시간이 아무리 지나도 건강한 존재로 돌아가지 못하고, 사회의 내부로도 온전히 들어가지 못한 채 인간과 비인간의 사이에서 표류하듯 존재한다고 보았다. 이런 측면에서 장애인에게 시간은 아무런 의미가 없다. 장애인은 시간적 · 공간적 경계선에 걸려서 사회적 시공간에서 벗어난 채 '보이지 않는 존재'로 살아간다. 어떻게 보면 '깨끗한' 장애인이란 '보이지 않는' 장애인일지 모른다.

장애인과 공존하는 아프리카 송계족

이제 이야기의 방향을 좀 돌려보자. 다른 나라의 사례를 통해 장애에 대한 한국 사회의 관점이 어떤지, 그 특징을 보려 한다. 서양의학은 장애를 '선천성'과 '후천성'으로 간략히 구분해서 원인을 파악한다. 서양의학이 초점을 맞추는 것은 원인을 탐구하는 것보다 발생한 장애를 어떻게 '재활'시키느냐다.[13]

그런데 아프리카 콩고민주공화국에 거주하는 송계Songye족은 '재활'보다 장애의 '원인'에 초점을 맞춘다. 송계족 장애인은 비장애인과 동일한 사회 구성원으로 받아들여지고 공존한다. 문제는 '왜'다. 벨기에 루뱅가톨릭대학 인류학과 교수인 파트리크 데블리허르Patrick Devlieger는 1983년부터 1985년까지 송계족의 신체장애 아동을 조사했다. 그는 송계족이 장애의 원인을 크게 물리적 환경, 가족 관계에 관한 마법, 조상, 신부대新婦代, 신 등으로 파악했다. 데블리허르는 여기서 서구와 다른 송계족의 특징을 발견했다. 이러한 원인에 대한 집착은 장애의 원인을 해결하기 위해서였는데, 해결책의 궁극적 목적은 "공동체 내에서 관계를 복원하는 것"이었다.[14] 송계족은 장애를 "인간 존재 사이의 관계론적 문제"로 보았다.[15] 이는 서양의학의 관점과 완전히 다르다. 즉, 장애는 관계의 불화, 그로 인한 원망이 존재한다는 것을 알려주는 신호며, 공동체의 건강을 위해 이를 해결해야만 한다.

송계족의 이런 접근은 한국 사회에 많은 점을 시사한다. 우리에게 장애인의 존재는 관계의 복원을 위한 신호가 아니라 더 많은 관계 단절을 유발하는 원인이다. 한국 사회에서는 장애인과 비장애인이 경계선 없이 같은 시공간에서 거주하는 것을 보기 어렵다. 학교에서도 주거지역에서도 마찬가지다. 상황이 이러니 가족 중 장애인이 있으면 가족 구성원의 삶도 반경이 제한되기 마련이다.

장애의 원인이 의학적으로 명확하지 않거나 질병에 의한 것이 분명한데도, 자녀의 장애를 부모의 탓으로 돌리는 상황을 자주 목격할 수 있다. 나는 주변의 한 의사 부부가 자폐아를 갖게 된 것이 임신 중 부부 관계의 악화 때문이라고 자책하며 깊은 우울증에 빠지는 것도 보았다. 자폐아가 학교와 사회에서 인간으로 존중받고 비장애인과 함께 자연스럽게 생활할 수 있다면, 이 같은 자책도 줄어들지 않을까?

내가 영국에서 지낼 때 가장 인상 깊게 본 프로그램은 아침마다 방영하는 어린이 프로그램 〈미스터 텀블Mr. Tumble〉이었다. 한국의 〈딩동댕 유치원〉과 같은 프로그램이다. 〈딩동댕 유치원〉과 다른 점은 출연자였다. 한국처럼 아역 배우로도 손색없는 귀여운 아이들이 나오지 않았다. 진행자인 미스터 텀블은 수화와 함께 모든 대화를 이끌었고, 아이들은 인종과 장애인·비장애인 구분 없이 골고루 참여했다. 프로그램 안에서 모두 어떠한 경계선 없이 동일하게 받아들여졌다. 영국에서 내 아이들은 4년간 초등학교에 다니면서 항상 장애 학우와 함께했다. 아이들은 장애 학우를 외면하지 않았다. 함께 놀고 도와주며 기다려주었다. 어려서부터 장애인·비장애인의 구분 없이 생활하는 사회에서 자란다는 것이 얼마나 큰 축복인지를 작금의 한국의 사태를 보면서 새삼 깨닫는다.

공동체 관계를 개선하는 마법사

'무릎 호소'를 하던 부모들을 가리켜 "저거 다 연기야"라고 외친 주민들을 생각해본다. 이들을 보며 인류학자 데블리허르의 송게족 연구를 떠올려본다. 송게족은 관계에 문제가 생기면 밤에 활동하는 마법사가 자녀에게 장애가 생기도록 주술을 건다고 보았다. 송게족은 마법사가 불화하고 다투는 가족을 공격한다고 생각했다. 데블리허르는 이러한 마법사의 존재에 대한 믿음이 강력한 사회 통제 체계로 작동한다고 보았다.[16]

특수학교 설립을 반대하는 주민들은 어떨까? 나는 이들이 장애아를 만들어내는 마법사라고 착각하지 않는다. 하지만 긍정적

둘. 낙인의 아픔

역할을 하는 송계족 마법사와 달리, 이들은 사회적 '장애'를 유발하며 지금의 한국 사회를 유지하는 역할을 해왔다고 본다. 물론 부정적 측면에서 말이다.

이들이 퍼뜨리는 주술이란 바로 "돈이면 다 된다"는 사고방식이 아닐까? 속칭 '금수저', '흙수저' 논리다. 한국 사회에서는 금수저 없이 태어난 것이 곧 '장애'다. 그런데 좀더 생각해보면, 땅값이 떨어진다며 특수학교 설립을 격렬히 반대하는 사람들 역시 돈 없는 '후천적 장애인'이 되지 않기 위해, 자신의 자녀가 흙수저 장애인이 되지 않게 하려고 발버둥치고 있는 것은 아닌지 의문이 들었다.

이렇게 본다면, 결국 한국 사회에서 예비 장애인이 아닌 사람이 없는 셈이다. 언제든 낙인이 찍힐 수 있는, 기피 대상이 될 수 있는 '잠재적 불명예자the discreditable'인 셈이다.[17] 과연 한국에는 송계족의 마법사처럼 공동체의 관계를 개선해주는 착한 마법사는 없는 것일까?

미투 운동, 피해자는 잘못이 없다

"딸을 낳지 않는 게 얼마나 다행이야"

2017년 10월 미국에서 할리우드 유명 프로듀서 하비 와인스타인Harvey Weinstein의 성폭력과 성추행에 항의한 여러 여배우의 해시태그 운동(#MeToo 운동)이 벌어질 때만 하더라도 나는 한국에서도 이렇게까지 미투 운동이 확산될 줄 예상하지 못했다. 와인스타인의 성추문를 폭로한 미국 여배우 앨리사 밀라노Alyssa Milano 역시 자신의 SNS를 통해 "만일 성희롱과 성폭력을 당했던 모든 여성이 'Me too'를 작성한다면, 우리는 이 문제가 얼마나 거대한지 사람들이 느낄 수 있게 만들지 모른다"고 말했다.[1] 아마 미투 운동이 촉발했을 때만 하더라도 전 세계적으로 이렇게까지 큰 반향을 일으킬지 누구도 몰랐을 테다. 그만큼 미투 운동의 확산은 경이롭다. 이전까지 제대로 된 언어가 없었다면, 이제 쉽고 강력한 언어가 생긴 것이다.

미투 운동의 모토는 쉽지만, 그 내용은 쉽게 읽히지 않는다. 여기에는 겉모습과 명성, 기존의 언행과 전혀 다른 추악함이 들추어지면서 그 끝 모름에 경악하게 된 점도 한몫했을 것이다. 그렇지만 진정 가독성을 방해하는 것은 추악함이 추악해보이지 않을 만큼 일상적이었던 한국 사회의 민낯이다. 배제되지 않기 위해서 얼마나 많은 'Me'들이 숨죽여 지내왔을까? 성추행 피해 여성이 "딸을 낳지 않은 게 얼마나 다행이야"라고 독백할 정도로 여성에게 현실은 참혹했다.[2]

잠시 지나간 사건들을 살펴보니 이 문제에 대해서는 진보와 보수가 없었던 듯하다. 성차별에서 한국 사회는 진보와 보수가 적대하거나 논쟁하는 사이가 아니라는 여성학 연구자 정희진의 지적이 이제야 가슴을 강하게 압박한다.[3] 미디어에 등장하는 가해자들의 면면을 보며, '진심'이라는 단어의 진실성이 얼마나 취약하고 연출될 수 있는지 깨닫게 된다. 그렇지만 단순히 개인에 대한 비평과 한탄에 머물지 않으려 한다. 얼마나 합법적으로, 얼마나 다른 층위에서 성폭력과 성추행이 한국 사회에서 작동하고 있는지를 마주하려 한다.

얼마 전 실린 「"미투에 너무 안이하다"유엔서 혼난 한국 정부」라는 기사를 보자.[4] 2018년 2월 22일 스위스 제네바 유엔 본부에서 여성차별철폐위원회 회의가 열렸다. 이 자리에서 한국 여성가족부와 법무부는 최근 퍼지고 있는 미투 운동과 관련해 질타를 받았다. 핵심 지적 사항은 2가지였다.

첫째, 한국의 강간죄 정의가 너무 엄격하고 좁다는 것이다. 한국 법에서는 강간죄가 '폭행 또는 협박'에 의한 것이어야 인정되며, 이것은 유엔이 권고한 '피해자의 동의 여부'보다 훨씬 제한적이다. 즉, 한국에서는 동의하지 않았더라도 '저항이 불가능한' 폭행과 협박이 존재했다는 것을 피해자가 입증해야만 강간죄가 성립된다.[5]

둘째, 성폭력 피해자가 가해자에게 무고죄나 명예훼손으로 고소나 소송을 당하는 일이 발생해 피해자를 위축시키는 사례가 많다는 점이다. 유엔 여성차별철폐위원회는 한국에서 여성이 보호받는 것이 법적으로 얼마나 취약한지 지적한 것이다. 법이 마지막까지 지켜주려는 것이 가해자인지 피해자인지 의문이 들 정도다. 얼마 전 성폭력 피해자인 기혼 여성과 그녀의 남편이 안타깝게도 동반 자살한 일이 알려졌다. 검찰이 7년형을 구형한 가해자가 법원에서 무죄 선고를 받고 풀려났기 때문이다.[6] 일반화하면 안 되겠지만, 법의 취약함을 파악하기에는 충분하다.

유엔의 지적이 실감이 안 날 수 있어 실례를 찾아보았다. 대표적 예가 2016년 6월 한국을 떠들썩하게 만든 유명 아이돌 그룹 출신 남성 연기자의 유흥업소 종사자 성폭행 혐의 사건이다. 그 연기자는 4건의 성폭행 혐의로 기소되었지만, 피해자 측 주장을 뒷받침할 증거가 '불충분'해 무혐의로 확정되었다. 처음 사건이 공개되었을 때 남성 연기자의 소속사는 성폭행 혐의가 '악의적인 협박'이며 '강경하게 대응'할 것이라고 했다. 실제 신고 여성은 '무고 및 명예훼손 혐의'로 역고소 당했으며, 2017년 7월에야 무죄 판결을 받았다.[7]

경찰이 아닌 이상 진위를 논하는 것은 부적절하지만, 사건의 진행 양상은 유엔이 지적한 문제의 전형을 보여준다. 여기서 진짜 문제를 살펴보자. 유엔 여성차별철폐위원회는 한국 정부에 이 같은 문제에 대해 제대로 된 문제의식이 존재하지 않는다는 점을 강력히 비판했다. 유명 연예인과 유흥업소 종사자의 진실 공방으로만 몰고 갔지, 애초에 강간죄가 성립되기 어려운 법 구조에 대한 지적은 없었다.

나 역시 예외는 아니었다. 미투 운동이 아니었다면, 성추행과 성폭력 앞에서 한국 여성이 얼마나 취약하게 노출되어 있는지 제대로 된 문제의식을 갖지 못했을지도 모른다. 이제는 (사실을)

알려야 하고, (추악한 현실을) 알아야만 하며, (문화를 넘어 제도의 한계를) 알도록 애써야 한다.

권력 앞에서 일그러진 여성의 인권

경제학자 하이디 하트먼Heidi Hartmann은 1979년 「마르크스주의와 페미니즘의 불행한 결혼The Unhappy Marriage of Marxism and Feminism」이라는 인상적인 논문을 발표했다.[8] 하트먼은 현대 서구 자본주의 사회가 당면한 문제를 제대로 분석하기 위해서는 마르크스주의와 페미니즘이 함께 적용되어야 한다고 보았다. 마르크스주의가 지적하는 자본주의 문제가 근본적인 것이며, 페미니즘이 제기하는 남성주의적 가부장제 문제는 부차적인 것이라는 당시의 '불행한 결합' 상태를 대변한 것이다.

계급 문제가 성차별 문제보다 훨씬 중요하다고 보는 것은 어떤 의미일까? 풀어보면 이런 뜻일 테다. 고용주의 횡포와 착취에 맞서 힘을 합해야 할 때, 성차별 운운하면서 대의를 망치지 말라는 것이다. 또 다른 '기다려라'는 횡포일 수 있다. 여성은 남성이 기획하고 중시하는 투쟁을 지지하고 협력해야만 하는 도우미로 받아들여지는 것이다. 그렇다면 생각해보자. 여성주의는 또 어떠한 권위와 이데올로기 앞에 우선권을 내주고 있는지 말이다.

여기 전도유망한 여성 시인이 있었다. 1994년 30대 초반의 나이에 『서른, 잔치는 끝났다』로 50만 부의 베스트셀러 작가가 되었으나, 문단 내 정치에 능하지 못해 40대에 작가로서 잔치가 끝나버린 시인 최영미다. 세간의 기억에서 잊힐 때쯤인 2017년 12월 그녀의 시 「괴물」은 또 한 번 세상을 뒤집었다.

En선생 옆에 앉지 말라고 / 문단 초년생인 내게 K시인이 충고했다 / 젊은 여자만 보면 만지거든 // K의 충고를 깜박 잊고 En선생 옆에 앉았다가 / Me too / 동생에게 빌린 실크 정장 상의가 구겨졌다 // 몇 년 뒤, 어느 출판사 망년회에서 / 옆에 앉은 유부녀 편집자를 주무르는 En을 보고, / 내가 소리쳤다 / "이 교활한 늙은이야!" / 감히 삼십년 선배를 들이박고 나는 도망쳤다 // …… // 노벨상 후보로 En의 이름이 거론될 때마다 / En이 노벨상을 받는 일이 정말 일어난다면, / 이 나라를 떠나야지 / 이런 더러운 세상에서 살고 싶지 않아 // 괴물을 키운 뒤에 어떻게 / 괴물을 잡아야 하나?

「괴물」에서 최영미 시인은 노벨 문학상 후보로 여러 번 선정되었던 원로 시인의 성추행을 고발했다. 그녀가 왜 작가로서 이른 나이에 주류 문단에서 외면당하고 일찍 잔치를 끝마쳤는지 간접적으로나마 알 수 있다. 그녀가 잘하지 못했다던 문단 내 정치라는 것은 문단 내 성추행에 문제를 제기한 행동이었다. 그렇게 시간이 지나 문단에서 잊혀가던 그녀는 『황해문화』에서 여성주의를 주제로 한 시를 의뢰받고 문단이 그동안 키워왔던(아니 모셔왔다고 표현하는 것이 맞을 것이다) '괴물'을 폭로했다.

2018년 2월 6일 JTBC 〈뉴스룸〉에 출연한 최영미 시인은 괴물 같은 원로 시인의 상습적 성추행을 재차 강조하며, 문단 내에 만연한 또 다른 괴물들의 성폭력(성폭력은 성폭행·성추행·성희롱을 포괄하는 용어다)을 증언했다. 성추행을 해도 묵과된다는 문단 내 '정치' 언어를 거부한 최영미 시인은 자신의 '예술적' 언어를 소개할 지면을 박탈당했다. 그녀의 시는 '작품이 좋지 않아서'라는 간편한 논리로 휴지 조각 취급을 당했다. 성폭력에 죄의식을 갖기는커녕 만연한 문제를 제기하며 분란을 일으키고 원로에게 수치심을 주는 것을 더욱 경계하는 것처럼 보인다.

또 다른 사례를 보자. 이번에는 검찰이다. 최영미 시인이 문단 내 '문란한' 정치를 거부한 대가로 작품 활동에 불이익을 받았다면, 서지현 검사는 2010년 10월 30일 한 장례식장에서 법무부 간부에게 성추행을 당한 뒤 문제를 제기했다가 부당한 인사 발령을 받았다. 서지현 검사는 2018년 1월 29일 검찰 내부망에 성추행 사례와 부당한 인사 발령에 관한 글을 올렸다.[10] 그리고 같은 날 JTBC 〈뉴스룸〉에 출연해 당시의 고통스런 경험을 떨리는 목소리로 증언했다. 정의를 실현하고 범죄자에게 단죄를 내리는 검찰 조직에서 검사가 수많은 목격자 앞에서 성추행을 당했음에도 침묵을 강요당하는 일이 발생했다.

서지현 검사의 인터뷰는 여러 면에서 인상적이었지만, 그녀가 8년이라는 시간이 흐른 뒤에 깨닫게 된 사실이 너무나도 아프게 다가왔다. 서지현 검사는 8년 동안 '내가 무엇인가 잘못을 해서 이런 일을 당했구나'라고 생각하며 지내왔다고 말한다. '잘 나가는 검사의 발목을 잡는 꽃뱀'이라는 이야기가 떠돌고 조직 어디에도 변화의 여지가 보이지 않으니 피해자의 자기 비하만 깊어진 것이다.

존재 자체가 '잘못'이 되다

서지현 검사가 8년간의 굳은살을 벗겨내고 대중 앞에 선 이유는 무엇일까? 그녀는 3가지 이유를 밝혔다. 첫째, 그녀는 사건 이후 맡은 일을 성실히 수행했고, 그래서 시간이 지나면 개혁이 일어날 줄 알았다. 하지만 개혁은 일어나지 않았고 피해자가 2차, 3차 피해를 우려해서 침묵해서는 현실이 절대 바뀌지 않는다는 사실을 깨달았다. 둘째, 가해자로 지목된 당사자가 최근 종교에 귀의하면서 회개하고 용서를 받았다는 이야기를 들었기 때문이다. 그녀는 용서를 구할 대상은 종교가 아니라 피해자 자신이라는 것을 주장하고 싶었다. 그리고 마지막으로 성폭력은 피해자의 잘못이 아니라고 항변했다. 서지현 검사의 항변은 한국 사회에서 성폭력 피해자가 일반적으로 받는 고통을 잘 드러내준다. 피해자임에도 용서는 나의 것이 아니며, 오직 수치심만 몰려오는 삶이다.

최영미 시인과 서지현 검사의 사례가 말해주는 성폭력의 공통점은 가해 남성이 권력의 중심인 '집단'에 속해 있다는 사실이다. 이 집단의 특징은 1차 피해를 항변하면 할수록 2차, 3차 피해를 입힌다는 점이다. 유엔 여성차별철폐위원회가 지적했던 바로 그 문제다. 피해자가 겪은 '개인'적인 고통보다 '집단'의 명예와 존속이 더욱 중요한 가치로 인정받는 사회인 것이다.

미국 문화인류학자 루스 베네딕트는 『국화와 칼』에서 일본을 '수치를 기조로 하는 문화'로 규정하며, '죄를 기조로 하는 문화'를 지닌 미국과 비교했다.[11] 베네딕트는 '죄의 문화'에서는 도덕이 절대적 기준이 되어 내면의 죄를 자각해, 양심에 따라 선행을 한다고 설명했다. 반대로 '수치의 문화'에서는 타인의 비평이 기준이 되어 외부의 강제력에 의해 선행을 한다고 한다.

베네딕트의 이 같은 분석은 1946년 제2차 세계대전 중 미국 국무부의 의뢰로 일본인의 이중성을 밝혀내기 위한 연구 결과였지만, 오늘날 서구의 미투 운동과 한국의 미투 운동을 비교하는 데도 시사점을 제공한다. 미국의 미투 운동이 상대적으로 피해자의 수치심보다 가해자의 낮은 죄의식을 비난하는 데 비해, 한국의 미투 운동은 피해자 혹은 피해자가 속한 집단의 명예와 수치에 더 큰 비중을 둔다.

2018년 2월 19일 연희단거리패의 수장인 연출가 이윤택이 연극단원들에게 가한 성폭력 의혹에 대해 기자회견을 하는 자리에서 최대한 '불쌍한 표정'을 보여주기 위해 리허설을 했다는 사실은 자신이 저지른 '죄'에 대한 반성보다 외부의 시선을 신경 쓰며 조금이라도 수치심을 모면하고자 한 것으로 볼 수 있다.[12]

베네딕트의 논리대로 죄의식보다 수치심이 중요한 사회적 행동의 기준이라면, 권력의 사다리 꼭대기에 남성이 있는 한 여성의 몸으로 태어난 것만으로도 '수치'가 된다. 그래서 존재 자체가 (서지현 검사의 표현을 빌린다면) '잘못'이다. 존재만으로도 잘못인 삶이 한국에서 많은 여성이 처해 있는 현실이라는 것을 나 역시 제대로 인식하지 못했다. 사회학자 어빙 고프먼Erving Goffman이 지적한 대로 '낙인 상징'이 존재한다는 것은 결국 '권위 상징'이 존재한다는 것임을 깨닫지 못했다.[13] 여성이 스스로 '잘못'이라고 느끼는 만큼 남성인 나는 '옳다'고 믿는 삶을 살았다. 명백히 공범인 셈이다.

'순결한' 피해자만 입을 열어라

또 다른 미투 운동을 보자. 같은 한국 여성인데도 성폭력 경험을 드러내자 '미투 운동의 본질을 훼손한다'고 손가락질 받는 사람들이 있다. 그녀들의 직업은 연극배우도, 검사도, 시인도 아니다. 성판매 여성들이다. 얼마 전 크라우드 펀딩으로 출간된 『나도 말할 수 있는 사람이다: 성판매 여성 안녕들 하십니까』라는 책의 소식을 접했다.

이 책은 서두에서 성판매 여성은 '납작한 존재'가 아니라 '다면적 존재'라고 말한다. 그래서 '말할 수 있는 사람'이라고 말이다.[14] 이 책의 저자들은 SNS에 자신들의 이야기를 남길 수 있는 작은 '영토(방 이름이 '성판매 여성 안녕들 하십니까'이다)'를 만들었고 자신들의 경험을 기록했다. 호의적인 댓글도 있었지만 "창녀들이 말이 많아" 같은 인신공격성 발언도 많았다.

특히 성매매 업소 현장에서 합의되지 않은 성행위를 당했던 일을 이야기했을 때, "그게 무슨 성폭력이냐", "진짜 피해자에게 사과해라", "미투의 본질을 흐리지 마라"라는 댓글까지 달렸다.[15] 성판매 여성은 말해서는 안 되는 존재인 양 취급되었다. 이와 관련하여 정희진의 지적을 소개한다.

"남성의 성욕은 통제할 수 없다는 전제 아래, 여성을 남성의 성 권력의 희생자와 '자발적으로 남성의 욕구에 부응한' 여성으로 나누는 것은 누구의 논리인가? 성폭력 피해 여성이나 성 산업에 종사하는 여성 모두, 결국은, 남성을 위한 제도의 '희생자'들이다."[16]

성판매 여성의 고백에 관한 이런 댓글들은 '순결한' 성폭력 피해 여성과 그렇지 못한 피해 여성을 구별해야 함을 뜻한다. 성판매 여성, 혹은 이른바 '꽃뱀'을 가려내야 한다는 뜻인데, 정희진은 이러한 구분 자체가 결국 성의 주체가 남성이며 여성의 성이란 남성과의 관계에서 폭력과 매매, 협상의 대상이 될 뿐임을 뜻한다고 주장한다.[17]

아이돌 그룹 출신 남성 연기자의 성폭행 사건에서도 재판부는 피해자인 유흥업소 종사자가 제대로 된 '피해자다움'을 적극적으로 보여주지 않았다는 점(예를 들면, 피해 장소인 화장실을 빠져나오지 않았다거나 주변에 급박하게 도움을 요청하지 않은 것 등)을 근거로 성폭력 피해를 인정하지 않았다.[18] 피해 장소가 유흥업소 화장실이었고, 피해자가 유흥업소 종사자였다는 사실이 '순결한' 성폭력 피해 여성으로 받아들여지는 데 장애가 되지 않았다고 말할 수 있는지 의문이 든다.

하지만 차별적 시선이 있었든 없었든 무슨 의미가 있을까? 이미 피해 여성은 저항이 허락되지 않는 상황에서 원치 않은 성관계를 맺었고, 가해 남성은 제도의 비호 아래 합법적으로 욕정을 해소한 것으로 인정받았다. 법이 이러할진대 남성이 법보다 도덕적일 이유가 있을까? 김현경은 "타자를 사람으로 인정하는 것은 그의 가치를 인정하는 것이 아니라, 가치에 대한 질문을 괄호 안에 넣은 채 그를 환대하는 것을 말한다"고 이야기한다.[19] 한국 사회는 여성의 직업에 대한 가치판단 없이 성폭력으로 고통 받은 피해자를 환대의 대상으로 받아들일 수 없는 것일까?

#MeToo, 해시태그의 성정치학

인류학자 나야니카 무케르지Nayanika Mookherjee는 1971년 독립 전쟁 당시 파키스탄군에게 집단 강간을 당한 약 20만 명의 방글라데시 여성들(벵골어로 '비랑고나'로 불리며, 뜻은 '전쟁의 여장부'다)에 대해 연구했다.[20] 그녀가 주목한 것은 전쟁 직후부터 약 40년 동안 방글라데시 국민들 사이에 회자되고 다양한 매체에서 소개해 널리 알려진 사진 한 장이었다. 강간 피해 여성이 헝클어진 긴 머리를 부여잡고 얼굴을 가리고 있는 사진으로, '머리카락 사진That hair photograph'이라고 불린다.[21]

무케르지는 이 사진이 방글라데시 국민에게 2가지 상반된 감정을 불러일으킨다고 이야기한다. 헝클어진 머리카락과 가린 얼굴에서 전쟁의 공포와 강간의 처참함을 느낄 수 있다. 그와 동시에 300만 명이 사망하고 20만 명이 강간당한 역사적 아픔을 꽉 쥐고 있는 양손처럼 버티고 생존해냈다는 숭고함 또한 느낄 수 있다. 무케르지는 이런 상반된 2가지 의미를 '끔찍한 숭고미a horrific sublime'라 표현했다. 무케르지는 이 사진을 통해 전쟁 중 집단 강간으로 고통 받은 방글라데시 여성들이 역사 속에서 끊임없이 살아 숨 쉰다고 보았다.

한국의 현실로 돌아와보자. 나는 무케르지가 말한 사진 한 장에 해당하는 것이 한국 사회에 존재하는지 생각해보았다. 가장 먼저 위안부 소녀상이 떠올랐다. 여기에 이제 '#MeToo'가 추가되어야 하지 않을까 싶다. 샵(#), 해시태그Hashtag, 이 우물 정 자 모양이 붙은 MeToo를 생각해보자.[22] 무케르지가 주목했던 방글라데시 여성의 헝클어진 머리카락 사진처럼 이제 '#MeToo'라는 이미지는 단순히 어떤 기능을 넘어 무너질 것 같지 않았던 폭력적인 남성 중심의 가부장적 문화에 균열을 일으키는 상징이 되고 있다.

앞으로는 '미투'라는 두 음절의 단어에 우물 정 자가 삽입된 것을 보고, 듣고, 발화하는 순간 우리는 2가지 상반된 의미를 떠올리게 될 것이다. 죽음과도 같은 삶을 살게 만든 고통스러운 성폭력이 존재했다는 사실과 이제 그것을 폭로하겠다는 단호한 결의 말이다. 그 용기에 연대의 박수를 보내지만, 그 끝 모를 고통에 숙연해지기도 한다.

2018년 3월 5일 문화예술계 내 성폭력 사건 공동대책위원회는 '미투 운동 그 이후, 피해자가 말하다'라는 주제로 기자회견을 했다.[23] 이 자리에서 피해자 중 1명은 "왜 이제까지 말하지 않았냐고 묻지 마시고, 이제라도 말할 수 있어서 다행이라고 말해주셨으면 좋겠다. 주목받고 싶었냐고 묻지 마십시오. 이런 일로 주목받고 싶은 사람은 아무도 없습니다"라고 항변했다.

이들의 결단력을 보며 인류학은 물론 사회과학에서 오랫동안 논의되어온 행위력agency(행위자가 행사하는 능력 또는 힘)을 다시금 숙고해보았다. 미셸 푸코Michel Foucault는 권력이 작동하는 관점에서 행위력을 보았다면, 문화인류학자 클리퍼드 기어츠Clifford Geertz는 행위력을 '의미'의 관점에서 보았다. 행위력이 지닌 내부자의 의도·신념·가치의 의미를 이해하려는 것이 중요하다는 것이다.[24]

이를 작금의 사태에 대입해보자. 우리는 주로 괴물 같은 가부장제의 구조적 폭력성을 지적하고 그 밑에서 약자일 수밖에 없는 여성의 수동적 행위를 이야기한다. 푸코식의 관점이다. 그렇지만 그보다 중요한 것은 이 여성들이 왜 이제라도 말하는지 그

'의도'는 무엇이고, 이들이 미투 운동으로 지키고자 하는 '신념'과 '가치'가 무엇인지 파악하는 것이다. 서지현 검사가 8년간의 침묵을 깨고 대중 앞에 나서서 다른 성폭력 피해자에게 "그것은 당신의 잘못이 아니다"라고 말해주려 했다는 그 신념 말이다.

이 순간에도 새로운 미투 운동 기사들이 쏟아져나온다. 안희정 전 충남도지사의 소식은 경악 그 이상이다. 법이 그에게 '무죄'를 선언할진 모르나, 그는 이미 지독히도 '유죄'다. 그렇지만 이와 같은 기사들을 읽으면서 불쾌함이 엄습한다. 그것은 기사속 자극적인 내용과 어휘들 때문일지 모른다. 한국여성민우회가 2006년에 만든 '성폭력 보도 가이드라인'을 찾아 다시 읽어본다.[25] 가이드라인이지만 이것을 읽는 것만으로도 피해자들의 응어리가 느껴진다. 지금의 미투 운동 이전에 용기를 내서 진실을 말했던 성폭력 피해자들이 어떠한 2차, 3차 피해를 보았는지 가늠할 수 있을 것 같다.

반 성폭력 문화 확산을 위한 성폭력 보도 가이드라인

· 성폭력 사건을 선정적이고 호기심을 자극하는 이야깃거리로 다루지 않는다.
· 폭력인 사건을 연애, 성적인 관계로 바라보지 않는다.
· 불필요한 경우에도 피해의 내용을 자세히 묘사해 선정적으로 보도하지 않는다.
· 성폭력을 일상과 분리된 범죄로만 부각하지 않는다.

· 단순한 성욕의 문제로 성폭력을 바라보지 않는다.

· 성폭력을 '딸'들과 '딸 가진 부모'가 조심해야 하는 범죄로 다루지 않는다.

· 성폭력 사건 예방을 위해 '피해자가 되지 않기' 위한 여성 개인의 예방만을 강조하지 않는다.

· 자신의 가해를 변명하는 가해자의 말을 부각시켜 보도하지 않는다.

· 폭력성을 희석시키는 용어를 사용해 사건이나 가해자를 지칭하지 않는다.

· 검증되지 않는 대책을 단순 나열하지 않는다.

· 논의 과정 중에 있는 정책을 이미 시행 중인 것으로 오독하게 하는 표제를 쓰지 않는다.

· 성폭력을 정치적 공격의 소재로 이용하거나, 정치적 공격의 소재로 이용하는 행태를 여과 없이 보도하지 않는다.

셋.

———

재난의

———

아픔

70. 故이○혜 (87년생 여성) 삼성반도체 온양공장, 2014년 백혈병 사망 (46세)

71. 故조은주 (92년생 여성) 삼성LCD 탕정공장, 2015년 골수이형성증후군사망 (2

72. 故김재민 (68년생 남성) 삼성LCD 천안/탕정공장, 2015년 뇌종양 사망 (46세

73. 故이세학 (78년생 남성) 삼성반도체 기흥/화성(협력), 2015년 백혈병 사망 (3

74. 故김화영 (86년생 여성) 삼성LCD 천안공장 2015년 백혈병 사망 (30세)

75. 故이성노 (58년생 남성) 삼성반도체/LCD 기흥공장 2015년 방광암 사망 (57세

76. 故이지혜 (86년생 여성) 삼성LCD 천안/탕정공장 2015년 백혈병 사망 (41세)

77. 故김대준 (74년생 남성) 삼성반도체 기흥공장 2015년 피부T세포림프종 사망 (5

78. 故황○순 (64년생 남성) 삼성반도체 화성(협력), 2016년 백혈병 사망 (31세)

79. 故김기철 (85년생 남성) 삼성반도체 화성(협력), 2017년

80. 故이혜정

결코 잊지 않겠습니다. 반도체노동자의 인권지킴이

반올림은 2015년 10월 7일부터 삼성을 향해 직업병 피해 사실에 대한 사과·
보상·재발 방지 등을 요구하며 강남역 8번 출구 삼성전자 서초사옥 앞에서
농성을 이어간 끝에 2018년 7월 24일 삼성전자·반올림·조정위원회가 중재
합의서에 서명했다.

숭고한 노동의 가치를 훼손하는 사회

■

강남역 8번 출구로 나가면 '반올림' 농성장이 있다. 그곳에는 사진처럼 커다란 현수막이 걸려 있다. 내가 사진을 찍었을 때는 2017년 10월 초 추석연휴가 지나고서였다. 현수막 맨 마지막 줄에 손글씨로 '故 이혜정'이 추가되었다. 그녀는 3년간 삼성반도체에서 근무했고 이후 전신성경화증이라는 희귀난치병에 걸렸다. 2017년 만 40세였던 그녀는 추석 연휴가 한창이던 2017년 10월 4일 굳어버린 몸에서 영원히 탈출했다. 그녀의 소식을 듣고 늦은 저녁 강남역을 방문했을 때 현수막 손글씨를 보고 가슴이 너무나도 아팠다. 대한민국을 '먹여 살린다'고 자부하는 대기업이 직원을 '죽음'에 이르게 하고도 가족들의 외침을 오랫동안 외면해왔다. 삶의 가치를 실현하기 위해 노동의 현장에 참여했음에도 오히려 그 가치를 훼손당한 것이다. 반올림의 이야기는 그래서 더욱 아프게 다가온다.

어찌 이뿐이던가. 이윤만을 추구하는 기업의 탐욕 앞에 어린아이들과 산모가 허무하게 죽음을 맞이한 사례도 있지 않던가. 사망자만 무려 1,300여 명에 달하는 황망한 가습기 살균제 참사. 반올림에 앞서 다룰 이야기다. 사연을 읽을 때마다 창자가 끊어질 듯 가슴이 아파온다. 그 부모의, 가족의 마음은 어떠할까. 이들의 이름은 걸려 있을 현수막조차 없이 빠르게 망각되고 있다. 그 가녀린 숨결마저 소중하게 아꼈던 부모의 사랑. 시간이 지난다고, 누군가 처벌을 받는다고 잊히고 회복될 수 있을까. 사진 속 현수막을 찍은 후 강남역 한편에 서서 바보처럼 이 말만 되뇌었다. "결코 잊지 않겠습니다."

창자가 끊어질 듯한 고통

재난의 희생자에 대해 글을 쓰는 것은 고통스러운 과정이다. 그 희생자가 누군가의 소중한 자녀라면 더더욱 그렇다. 그래서인지 두 달간 내 몸은 이 글을 피해 다녔다. 글을 쓰기로 마음을 먹기까지도 오래 걸렸지만, 실제 글을 쓰기 시작하는 것도 수없이 망설였다. 어떻게 써야 하는지, 무엇을 써야 하는지에 관한 문제가 아니었다. 장례식장에서 입술을 깨물고 진술서를 쓰는 기분이라 표현하면 맞을지 모르겠다. 자료를 모으면서 더욱 힘들어졌다.

세간에 '옥시 사태', '안방의 세월호 사건'으로 불리는 '가습기 살균제 참사'에 대한 자료들은 두 아이의 아버지로서 읽기가 너무도 힘들었다. 사건이 발생한 날 나는, 우리 아이들은 무엇을 하고 있었는지 떠올렸다. 이런 감정이입은 누군가에게 발생한 참혹한 재난이 내 가족에게도 너무나 가까운 곳까지 다가와 있었다는 것을 깨닫게 해주었다. 그래서 공포스러웠고, 너무나 화가 났다.

내 아내는 2007년 7월에 첫째 아이를 출산하고 그해 겨울 가습기를 사용했다. 천운으로 가습기 살균제를 사용하지 않았다. 둘째 아이를 낳은 2011년 2월에도 산부인과와 산후조리원에서 가습기가 열심히 돌아가던 것을 기억한다. 집으로 돌아온 후에도 가습기는 밤마다 켜져 있었다. 이때도 가습기 살균제는 사용하지 않았다. 지금 생각하면 아찔하다. 하지만 나는 같은 해 5월에 발표된 임산부들의 원인 미상 폐 질환 집단 발생 뉴스를 전혀 기억하지 못한다. 또한 그해 8월 31일 질병관리본부가 산모들의 폐 질환이 가습기 살균제 때문일 것이라고 발표한 사실도 기억나지 않는다. 당시 의료인류학 석사 과정을 막 시작했던 나는 책 속에서 허우적거리기 바빴다.

2016년 4월 언론에서 일제히 가습기 살균제 사건을 다루기 시작하면서 나는 당사자들이 겪었을 고통의 시간을 겨우 들여다

셋. 재난의 아픔

보게 되었다. 그리고 상상이 이어졌다. 첫째 아이 출산 때 내가 좀더 꼼꼼하고 부지런했더라면, 그래서 가습기 살균제를 철저히 챙겼더라면, 나 역시 피해자의 일원이 되었을지 모를 일이었다. 이런 생각에 미치니 상상만으로도 미칠 것 같았다. 온몸의 장기가 다 끊어지는 '단장지애斷腸之哀(자식 잃은 어미 원숭이의 창자가 끊어질 정도의 슬픔)'의 고통이 눈앞까지 밀려왔다.

왜 그들이 죽어야만 했는지 말해달라

자녀를 허망하게 떠나보낸다는 것은 어떤 것일까? 그 이후의 삶을 어떻게 감당해낼 수 있을까? 이런 고민을 하게 된 것은 자료 조사 중 접하게 된 기사 때문이다. 가습기 살균제 참사처럼 어린 자녀가 죽는 것을 막지 못한 부모에 대한 기사로, 어린 자녀를 (함께) 자살하도록 방조한(혹은 강요했을지도 모를) 어느 아버지에 대한 기사였다. 이 기사에 첨부된 흐릿한 사진 한 장 때문에 한동안 아무것도 할 수 없었다. 어린 소년과 그의 아버지가 높은 다리 위 난간 밖에 위태롭게 매달려 있는 사진이었다.

처음에는 내 몸이 그 기사를 읽기를 거부했다. 외마디 욕도 외쳤다. 더 정확히는 분노와 탄식, 슬픔이 폭발하듯 밀려와 사진을 계속 보기가, 그 밑에 실린 기사를 읽기가 힘들었다. 관련 기사를 온전히 읽은 것은 일주일쯤 지나서였다. 그래도 몸은 여전히 불편했다. 소년이 붙잡고 있던 그 다리 난간이 내 팔 같았다. 지나친 감정이입이라 할지 모르겠지만, 자녀를 둔 부모라면 아마 이해가 될 것이다.

　기사의 내용은 이랬다. 1년 전 아내를 위암으로 떠나보내고, 대리운전 등으로 생계를 유지하던 40대 남성이 생활고를 이기지 못하고 초등학교 4학년인 아들과 함께 다리 위에서 아들을 먼저 뛰어내리게 한 뒤 곧이어 투신자살한 사건이었다. 처음 이 기사를 접했을 때는 동반자살suicidal pact이 아니라 살인child homicide이라고 생각해 무척이나 아버지를 비난했다.[1] 그런데 한 가지 고려하지 못한 것이 있었다. 그는 자식 이전에 이미 아내를 죽음에서 구해내지 못한 경험을 했다는 점이다.

　미국의 인류학자 마사 발솀Martha Balshem은 경제적으로 취약한 계층이 암에 걸렸을 때 숙명론fatalism에 빠지는 경향이 있다고 지적한다.[2] 즉, 암에 걸렸을 때 적절하게 치료할 경제적 여건이 되지 않는 노동자가 암을 받아들이는 가장 효과적인 방법은 이를 운명의 탓으로 돌리는 것이다. 어찌 보면 가장 비현실적인 숙명론이 아이러니하게도 가장 현실적인 해결책이 될 수도 있는 것이다. 발솀의 관점을 적용한다면 아내를 잃고, 가난이라는 굴레에 빠져버린 한 가장에게는 이번 생이 지옥이었음을, 그리고 그

　　　　　　　　　　　　　　　셋. 재난의 아픔

런 운명을 타고났음을 받아들이는 것이 어떻게 보면 가장 합리적인 타협점일 수 있을지 모른다. 문제는 한국 사회가 그 운명의 짐을 개인에게 전가했다는 사실이다.

가습기 살균제 참사에 대한 자료들을 읽으며 새로이 알게 된 사실이 있다. "아이를 하나 둔 부부가 이런 일을 당하면 열에 아홉은 헤어집니다"라는 것이었다.[3] 자식을 잃은 후 서로의 잘잘못을 따지게 되고 주변 사람들까지 개입하면서 결국 한 가정이 해체된다는 것이다. 이혼으로 다시는 되돌아보고 싶지 않은 지옥과도 같은 순간을, 피할 수 없었던 가혹한 '운명'을 끊고 싶었을지 모른다. 고통스러웠기에 더는 기억하고 싶지 않았을지 모른다. 국가가, 살인 기업이 운명을 같이 짊어져주지 않는 상황에서 이혼은 합리적인 선택이었을지도 모른다. 그런데 아직 그 슬픔 가득한 운명을 짊어지고 삶을 견뎌내고 살아내고 있는 이들이 있다.

여기서 사회 구성원으로서 질문하지 않을 수 없다. 개인의 불행한 '숙명'은 그들만의 운명인가? 아니면 함께 짊어져야 하는 시대의 운명인가? 간단하지 않은 문제다. 하지만 확실한 것이 있다. 한국 사회의 큰 흐름은 자녀를 잃은 피해자끼리도 타인의 운명을 책임지지 않도록 유도하고 있다는 사실이다. 이윤만을 추구하던 기업은 이제 피해자들마저 이윤을 좇기를 종용한다.[4] 나는 자녀를 더 살게 해주지 못하고, 자녀의 죽음을 마주한 부모의 단장지애를 통감하며, 지옥보다 못한 현실을 경험하게 만든 괴물 같은 한국 사회를 향해 이렇게 외치고 싶다. "제발 왜 그 어린 아이들과 어머니들이 죽어야만 했는지 말해달라!"

피해자는 여러 번 죽는다

주변에 이른바 '옥시 사태'에 대해 아는지 물었다. 대부분의 반응은 이러했다. "정말 끔찍한 일이에요. 그런데 아직도 해결되지 않았어요? 검찰 조사하고 피해 보상하고 그러지 않았나요?" 예상했겠지만, 현실은 그렇지 못하다. 2000년 3월 17일 백일을 갓 지난 딸을 떠나보낸 피해자 아버지 A의 절규는 이들이 직면한 현실을 여실히 보여준다.

"이번 가습기 살균제 피해자들은 여러 번 죽었으며 또 죽어간다. 가습기 살균제로 인해 폐와 장기가 망가져 죽고, 사망 원인이 가습기 살균제라는 사실에 애통하여 죽고, 정부 당국자들에게 외면당하고 무시당하여 죽고, 부도덕한 기업의 발뺌과 무책임함에 죽고, 언론의 무관심에 죽고, 의사·교수들로 구성된 판정단에 의해 등급이 매겨져 죽고, 1, 2등급과 3, 4등급을 차별하고 분열시켜서 피

셋. 재난의 아픔

해 규모와 배상 책임을 축소하려는 농간에 죽고, 더디고 더딘 우리 사회의 공감 능력에 거듭 죽는다. 이런 사상 최악의 생명 경시 사고로 인해 피해를 입었는데도 왜 피해자들이 거듭해서 고통을 당하고 거듭해서 죽어야 하는가."[5]

A의 표현대로, 피해자들은 수차례 여러 가해자에게 죽음과도 같은 고통을 받아왔고, 그것은 여전히 진행 중이다. 그의 절규 중 그동안 시민들이 간과했던, 그래서 더욱 주목해야 할 2가지 지점이 있다. 하나는 피해자들이 전문가가 정한 기준에 따라 피해 등급이 매겨지고 그 결과에 따라 배상 여부와 규모가 달라지며, 이렇게 매겨진 등급의 차이는 피해자들 사이에 갈등을 초래하고 있다는 사실이다. 가해자 처벌과 정부의 책임 있는 대책 마련이라는 핵심 쟁점은 '누구에게 얼마나 보상해줄 것인가'라는 프레임으로 전환되고 있다. 피해자가 보상을 받아들이는 순간 처벌과 사과는 요원해질 가능성이 크다.

또 하나는 바로 '더디고 더딘 우리의 공감 능력'이다. 먹고살기 바쁘다며 타인의 고통에 무뎌진 자신에게 면죄부를 주며 사회가, 정부가, 공공 기관이, 기업이 알아서 잘 대처할 것이라고 믿는 다수의 생계형 시민들이 피해자들을 두 번 죽이고 있다.

이와 관련된 예다. B는 2011년 2월, 6년간의 열애 끝에 결혼한 아내와 7개월 된 아내 배 속의 아이를 가습기 살균제 '세퓨' 때문에 떠나보냈다. 그는 가습기 살균제 참사의 상징적인 가해 기업인 옥시레킷벤키저의 본사가 있는 서울 여의도 국제금융센터IFC 앞에서 2015년 겨울 매주 월요일마다 24시간 밤샘 노숙 캠페인을 벌였다. 사람들의 무관심에 지쳐가던 B의 눈가를 적신 것은 한 중년 여성이 건넨 힘내라는 말 한마디와 음료수였다.[6] 그 작은 위로와 호의가 감격스러울 정도로 피해자 가족들은 무관심에 지쳐 있었다.

검증되지 않은 '가습기 살균제'

옥시레킷벤키저와 롯데마트 등의 기업들은 국내 기업(SK케미칼 등)에서 원료를 받거나 외국에서 수입해 가습기 살균제 제품을 만들어 판매해왔다. 1994년 유공(SK케미칼의 전신)에서 처음으로 가습기 살균제인 '가습기 메이트'를 판매하기 시작했고, 2011년까지 17년 동안 20여 종이 출시되어 연간 60만 개가 판매되었으며, 약 800만 명이 사용한 것으로 추정된다고 한다.[7]

그런데 첫 제품이 인체 유해성 시험을 했다는 증거는 불분명하다.[8] 이것은 농약과 마찬가지인 화학물질을 가습기 물통에 넣어 방 안에 분무하는 것과 다름없다. 이들 제품 중 가장 많이 판매된 제품이 '옥시싹싹 가습기 당번'이었고, 이로 인해 가습기 살균제 참사는 '옥시 사태'로 많이 알려졌다.[9]

2000년대 초반 가습기 살균제 이용이 보편화되면서 피해자가 임산부와 아이들을 중심으로 나타나기 시작했다. 2006년 이후 대형 종합병원에 다수의 피해자가 동시에 중환자실에 입원하는 상황이 발생했다. 2011년 3월 원인 미상의 중증 폐 질환 여성 환자들이 서울아산병원 중환자실에 동시에 입원했다. 주로 출산을 앞두거나, 출산 직후의 젊은 여성들이었고, 발병 시기가 늦겨울부터 초봄에 집중되었다. 여러 요인이 고려되었고 결국 정부는 2011년 8월 31일 가습기 살균제를 원인으로 지목했다. 이에 따라 보건복지부는 긴급하게 가습기 살균제 수거 명령을 내렸다. 이후로 동일한 환자는 발생하지 않았다.

그렇다면 앞서 A가 언급한 피해자 등급 판정이란 도대체 무엇인가? 피해자가 환경부 산하 한국환경산업기술원에 신고하면 환경 노출 조사와 독성학·병리학·임상학 검사를 거쳐서 판정위원회가 최종적으로 1단계(가능성 거의 확실), 2단계(가능성 높음), 3단계(가능성 낮음), 4단계(가능성 거의 없음)의 4단계 중 하나로 판정한다. 이 단계에 따라서 의료비와 장례비를 지원받는데 3~4단계는 피해 지원 제도로 지원을 받지 못하고,[10] 강력한 낙인이 되어서 기업과의 배상에서도 매우 불리하게 작용한다.

이 단계는 '소엽중심성 섬유화를 동반한 폐 질환'을 기준으로 삼는다. 즉, 가습기 살균제에 노출되어 사망하고 폐 이식까지 받았다 하더라도 흉부 CT 사진에서 섬유화가 관찰되지 않으면 1~2단계를 받을 수 없다. 즉, 단계의 높고 낮음은 증상의 경중과 관련성이 없다. 피해자들은 1~2단계를 받아야만 자신들이 겪은 고통을 '사회적으로 인정'받는다고 보았으며 3~4단계를 받은 피해자들은 국가가 고통과 죽음을 '부정'했다고 여겼다.[11] 피해자들의 등급화 과정을 연구한 김지원은 가습기 살균제 참사가 피해자들이 겪은 고통 자체보다 전문가의 의학 지식과 제도 중심으로 처리되고 있다고 지적하며, 이를 "피해의 비가시화"라 명명했다.[12]

폐 손상 원인이 황사와 꽃가루라니

피해자의 경험이 비가시화 된다는 지적은 매우 중요하다. 앞서 소개한 A처럼 백일 지난 딸이 급작스러운 폐출혈로 사망했지만 4등급을 받았다. 제도가 요구하는 합당한 과학적 근거를 충족시키지 못했기 때문이다. 이미 발생한 결과(죽음)를 인정(사죄와 유감)하면서도 그 결과가 과학적 논리로 인과관계가 명확히 입증되지 않으면 인정(배상)할 수 없다는 괴상한 논리다.[13]

가습기 살균제 참사와 관련해서 돈을 받고 괴상한 논리를 합법적으로 지원해주는 또 다른 기업이 있다. 이 기업이 주장한 논리는 2016년 4~5월 진행된 검찰 수사를 통해 불법적으로 조작된 것으로 드러났고, 해당 논리를 용역을 받아 '과학적' 용어로 포장한 교수들은 구속되었다. 하지만 그 기업은 아직 건재하다. 대한민국 최대 로펌 김앤장 법률사무소다.

구속되어 재판을 받고 있는 관련 교수의 입을 빌려 김앤장 법률사무소의 궤변을 들어보자. "옥시와 김앤장은 가습기 살균제의 유해성을 경고하는 실험 결과를 입수하고서도 법원과 검찰에 사망자의 폐 손상 원인이 봄철 황사와 꽃가루 때문이라는 의견서를 제출했다."[14] 봄철 황사와 꽃가루라니. 제정신으로 한 이야기인가 싶지만, 피해자 가족들은 이런 궤변 앞에서도 약자일 수밖에 없었다. 시민들이 제각각 삶에 지쳐 주변에 시선을 돌릴 여유 없이 살아갈 때 피해자들은 이런 현실과 마주하고 있었다.

가습기 살균제 참사의 사회·문화적 요인으로 아파트 위주의 거주 문화(가습기 사용 증가), 건강에 대한 관심 증대(세균에 대한 지나친 공포심), 편리함 추구, 과학기술 문명의 이기를 맹신하는 문화 등이 거론된다.[15] 이런 측면도 논의의 대상이 될 수는 있다. 하지만 문화라는 말을 붙여 분석한다면, 나는 이런 주변적 요인들에 시선을 빼앗기기보다 눈앞에 실제 활보하는 현실을 직시해야 한다고 본다. 나는 김앤장 법률사무소라는 실존하는 대형 로펌이 그 현실이라고 생각한다. 궤변으로 힘없고, 돈 없고, '빽' 없는 약자를 굴복시키는 악마적 로펌("몸통은 김앤장인데 깃털만 구속 기소했다는 비판이 나오는 것이다")[16]의 존재가 상징하는 한국 사회의 모든 '의미들'이 가습기 살균제 참사와 직결된 문화적 요인이다. 그것은 '유전무죄 무전유죄'의 원칙 아닐까?

2017년 7월 28일 기준으로 가습기 살균제의 피해자는 5,688명이며, 사망자는 무려 1,216명에 달한다.[17] 2018년 5월까지 피해자 신고자는 6,000명을 넘고 이 중 사망자는 1,300명이 넘었다고 한다. 현재까지 세월호의 약 3배 이상의 사망자가 신고되었으니 '안방의 세월호 사건'이라 불려도 전혀 이상하지 않다. 아니 그 이상의 참사라 할 수 있다. 그럼에도 2018년 1월 25일 대법원은 가습기 살균제 제조 판매업자에 대한 선고에서 신현우 전 옥시대표만 징역 6년을 받고 외국인인 존 리 전 옥시대표는 무죄가 선고되는 등 솜방망이 처벌이라는 비판을 받고 있다.

또한 2018년 2월 공정거래위원회는 가습기 살균제 사건을 재조사한 후 SK케미칼, 애경산업, 이마트에 표시광고법 위반으로 과징금 총 1억 3,400만 원을 부과하기로 결정했으나 검찰은 이미 공소시효가 지나 처벌할 수 없다고 결론 내렸다. 이에 대해 2018년 3월 29일에 결성된 사회적 참사 특조위('가습기 살균제 사건과 4.16 세월호 참사 특별조사위원회')는 공정위에 항고를 요청 했으나 이 또한 받아들여지지 않았다.[18] 이렇듯 여전히 그 슬픔 과 고통은 오롯이 피해자와 피해자 가족의 문제로 남겨져 있는 것이 현실이다. 사망자가 1,300명을 넘었다는 것을 아는 이가 주변에 몇 명이나 있을까? 피해자 가족들은 슬픔에서 온전히 벗 어날 수도 없고, 그렇다고 넋 놓고 슬픔에 젖어 있을 수도 없는 상황에 처해 있다.

피해자 가족이 과거를 숙명으로 받아들이고 그만 잊고 포기하 고 남은 생을 준비하는 것이 가장 현실적인 대안일까? 한편으로 는 이런 생각도 든다. 항상 슬픔에 젖어 있었지만, 정말로 죽은 아이와 아내를 충분히 애도하고 기억할 시간을 가졌던 것일까? 그런 시간을 가질 수 있었을까? 자식과 아내를 떠나보내는 의례 를 할 수 있었을까? 남겨진 가족들 사이에 가습기 살균제에 대 한 이야기는 하지 말아야 할 '금기'일 때도 있다고 하니, 그렇다 고 답할 수 없을 것이다.[19]

피해자들에게 정말 필요한 것은 무엇일까? 진정성 있는 사과 와 합당한 처벌, 보상일까? "내 아이를 살려내라"고 외치는 가족 들에게 이런 것은 진정 원하는 바가 아닐 수 있다. 그들은 죽은 이 들이 정말로 다시 살기를 바랄지도 모른다. 기억 속에, 공간 속에, 사진으로, 이야기로 타인의 삶 속에 존재하며 살아가기를 말이다.

베네수엘라 열대우림에서 일어난 비극

가습기 살균제 피해자 유가족이 원하는 것이 죽은 아이를 (가족과 우리의 삶 속에) 다시 살려내는 것이라면, 어떻게 해야 할까? 이를 위해 미국 인류학자 찰스 브리그스Charles Briggs와 클라라 만티니브리그스Clara Mantini-Briggs의 베네수엘라 원주민 와라오Warao 족에 대한 인류학 연구를 소개하고자 한다. 2016년에 발간된 이들의 책 제목은 『제발 내 아이들이 왜 죽었는지 말해달라Tell Me Why My Children Died』다.[20]

사연은 이렇다. 2007년 7월 베네수엘라 열대우림에 거주하는 원주민의 아이들 몇몇이 열이 나기 시작하더니 일주일 만에 모두 사망하는 일이 발생했다. 증상의 경과는 매우 유사했다. 열이 나고, 두통이 생기며, 몸이 가렵고, 근육통이 생겼다. 이후 점차 사지가 가렵거나 따끔거리기 시작했고, 이내 무감각해지거나 피부 접촉에 과민 반응하는 상태에 이르렀다. 그리고 음식을 삼키기 힘들어하다가 마지막에는 물 마시는 것조차 어려워졌다. 그리고 엄청나게 많은 양의 침을 흘렸다. 가장 뚜렷한 공통 증상은 물을 두려워한다hydrophobia는 점이었다.

원주민 부모들은 흔히 있던 몸살감기인 줄 알고 시간이 지나면 좋아질 것으로 생각했고, 근처 원주민 간호사에게 해열제를 처방받고 경과를 지켜보았다. 그런데 예상과 달리 아이들은 열이 떨어지기는커녕 고열에 심한 두통이 발생하면서 피부 증상을 호소하기 시작했다. 전통 치유사를 찾아가 치유 의례를 행하기도 하고, 재빨리 지역 보건소를 찾아가기도 했다. 그러나 보건소 의사 역시 손쓸 수 없는 괴질이었고, 곧바로 지역 병원으로 이송되었다. 그곳에서 또다시 대도시 대형 종합병원으로 이송되었으며, 그 뒤엔 중환자실과 원치 않는 부검을 거쳐 결국 싸늘한 시체로 결말이 났다.

그렇지만 어떤 의료인도 아이들이 왜 이렇게 급작스럽게 사망했는지 말해주지 않았다. 아니 못했다는 표현이 맞다. 결국 부모들은 끊임없이 같은 질문을 반복했다. "제발 내 아이들이 왜 죽었는지 말해달라."

그렇게 한차례 괴질이 원주민 아이들과 성인 몇 명에게 유행하고 나서 잠잠해질 때쯤, 이것이 박쥐가 옮긴 공수병임이 밝혀졌다. 박쥐의 침 속에 있던 공수병hydrophobia 바이러스rabies virus(한국에는 광견병으로 알려져 있다)가 아이들이 박쥐에 물릴 때 전염되어 발생한 것이었다.

와라오 원주민들에게 어느 날 날벼락처럼 벌어진 끔찍한 죽음의 소용돌이는 한국의 가습기 살균제 참사와 몇몇 지점에서 비슷하다. 특히 자녀들이 원인 모를 질병으로 손쓸 겨를 없이 사망했다는 점에서 그렇다. 그 원인은 현대 의학을 총동원해도 밝혀지지 않았다. 한국의 언론과 정부가 가습기 살균제 참사를 제대로 조명하지 않았던 것처럼, 베네수엘라 언론은 원주민들 역시 감염병에 무지하고 원시적인 치유 의례만 신봉하는 것처럼 묘사했다.

하지만 인류학자 찰스 브리그스와 클라라 만티니브리그스가 추적한 원주민 부모들의 대처는 의사인 내가 보기에도 의심의 여지없는 매우 신속하고 합리적인 결정들이었다. 어디에도 무지하고 원시적이라 할 부분은 없었다. 오히려 부모들이 제기한 중요한 질병의 단서를 의사들이 귀담아들으려 하지 않았던 것이 결정적 오류였다.

와라오 원주민들에게 있고, 우리에게는 없는 것

와라오 원주민들은 이러한 절망적인 상황에서 어떻게 자녀들의 죽음이 초래한 슬픔과 고통을 받아들였을까? 그것은 바로 원주민들이 보여준 죽음의 의례였다. 열대우림 안에는 마을의 공동묘지가 있다. 도시의 의사들이 죽음을 맞이한 아이들을 보고 처음 떠올린 것이 두개골을 열어 뇌 조직을 얻어내는 것이었다면, 와라오 원주민들은 한곳으로 '모였다.' 이들은 죽은 아이들을 위해 함께 노래를 부르고 암송하며, 원주민 모두 일렬로 서서 관을 덮을 진흙 덩어리를 손에서 손으로 옮기는 의례를 행했다. 이 모든 과정에서 죽은 이는 과거와 현재, 미래를 이어주며 다양한 사회적 관계를 연결해주는 주체로서 '살아남는다.'[21]

영국 인류학자 세실 헬먼Cecil Helman은 오늘날 산업사회에서 누군가의 죽음을 기억하는 공통의 '의례'들이 소실되고, 상업화된 장례식 문화만 난무하고 개개인이 죽음의 과정을 홀로 마주하게 만든다고 지적한다.[22] 한국도 예외는 아닐 것이다. 특히 가습기 살균제 참사와 같이 사회적 타살로 간주해야 할 재해에도 제대로 망자亡者를 기억할 의례를 행하지 못했다. 그러기는커녕 이들의 고통은 '비가시화'되고 제도와 의학이 그 자리를 대체하고 있다.

우리는 왜 허무하게 죽어갔지만, 모든 이의 기억 속에 다시 '살려내는' 의례를 상실한 것일까? 와라오 원주민들이 외쳤던 "제발 내 아이들이 왜 죽었는지 말해달라"는 말이 이제 와 곰곰이 생각해보니 조금은 다르게 들린다. 이 말의 진짜 의미는 "제발 내 아이들이 왜 죽었는지 들어달라"가 아니었을까? 질병의 원인을 따지고 알고 싶었겠지만, 궁극적으로는 내 아이가 얼마나 소중한 아이였는지, 그래서 그 죽음의 과정이 얼마나 가슴 아팠는지 '들어주기를' 바랐을지 모른다.

그렇게 이곳저곳에서, 이 사람 저 사람에게서, 내 아이가 타인의 기억 속에 이야기가 되어 살아주기를 바랐을지 모른다. 와라오 원주민들의 죽음을 기억하는 공동 의례가 그 증거가 아닐까? 이제 가습기 살균제 참사를 마주한 우리에게 무엇이 필요한지 답해야 할 때다.

셋. 재난의 아픔

얼마나 많은 이름이 새겨져야 하는가

유학을 마치고 귀국할 때 고민이 있었다. 짐을 풀고 가장 먼저 어디에 갈 것인가? 의료인류학 박사 과정을 마친 내가 한국 사회에서 당장 가보아야 할 곳은 어디인가? 내가 향후 연구자로서 이정표를 정하는 중요한 일이었다. 하지만 고민은 그리 길지 않았다. 곧장 강남역 8번 출구로 향했다. 그곳에서 마주한 삼성전자 서초 사옥은 생각보다 웅장하고 또 그만큼 차가웠다.

그 앞에 외딴섬처럼 왜소한 천막이 있었다. 그곳이 나의 목적지였다. 삼성 반도체 노동자 인권과 건강 지킴이 '반올림'의 농성장이 있는 곳이다. 반올림은 삼성반도체 기흥공장에서 일하던 고故 황유미가 2007년 3월 6일 백혈병으로 사망하면서 그녀의 아버지인 황상기가 삼성반도체에 본격적으로 산업재해 소송을 하면서 결성되었다. 당시 여러 단체가 힘을 합한 결과 2007년 11월 20일 삼성반도체 집단 백혈병 진상규명대책위원회가 조직되었고, 이후 2008년 2월부터 반올림이라는 이름으로 활동하게 되었다.[1] 반올림의 헌신적인 싸움 끝에 2011년 6월 23일 고 황유미는 전 세계에서 처음으로 반도체 산업 직업병 노동자로 인정받았다. 반올림은 올해로 결성 11주년이 된다. 나는 그들이 2015년 10월 7일부터 24시간 온몸으로 지켜온 천막 농성장에 간 것이다.[2]

반올림을 찾은 날은 따뜻했다. 농성장은 초여름 햇살을 맞고 있었다. 고 황유미와 아버지 황상기의 실화를 다룬 영화 〈또 하나의 약속〉에서 영화배우 김규리가 열연했던 노무사 난주 역의 실제 모델인 이종란 노무사가 천막 안을 정리하던 중이었다. 반갑게 인사를 하고 이야기를 나눈 후 방명록을 남겼다. 마침 반올림 티셔츠('No More Death in SAMSUNG'이라고 새겨져 있다)도 판매하고 있었다.

반올림 농성장 방문은 새로운 각오를 다지기에 부족함이 없었다. 그런데 4개월 후 또다시 이곳을 찾게 되었다. 이번에는 날씨가 제법 쌀쌀한 저녁이었다. 안타까운 소식에 몸이 저절로 이곳으로 향했다. 10월 4일, 가족들과 시간을 보내던 추석날, 1995년부터 3년간 삼성반도체에서 근무했던 이혜정이 전신성경화증이라는 희귀 난치병으로 사망했다. 슬하에 세 자녀를 둔 그녀는 만 40세였다. 삼성반도체 노동자 중 여든 번째 산업재해 사망자였다. 그녀는 2016년 7월 근로복지공단에서 '화학물질 노출 수준이 낮다'는 이유로 산업재해 불승인 통보를 받았다.[3] 그녀의 죽음도 산업재해의 증거가 되지 못하는 것은 아닌지 먹먹했다(다행히도 재신청 결과 2018년 9월 4일 끝내 산재인정 판정을 받아냈다). 강남역 8번 출구 앞 현수막에 어느새 그녀의 이름이 손글씨로 추가되어 있었다. 글씨를 보고 있으려니 이 이름을 쓴 이의 슬픔까지 전해지는 듯했다. 언젠가 손으로 써넣은 그녀의 이름이 인쇄되어 현수막에 들어가는 날 그 뒤에 또 얼마나 많은 이름이 새겨질는지 생각하니 섬뜩하고 아찔했다.

세간의 비아냥과 아버지의 약속

삼성이라는 거대 기업과 홀로 싸운다는 것은 어떤 기분일까? 그보다 딸이 23세 어린 나이에 억울한 죽음을 맞이한다면 얼마나 고통스러울까? 아직 11세밖에 안 된 딸을 둔 겁 많은 아버지인 나로서는 가늠하기도 힘든 고통이다. 상상만으로도 숨이 쉬어지질 않는다.

평범한 택시 운전사였던 황상기는 어떻게 그 고통을 뚫고 거대한 골리앗과 싸우며 여기까지 온 것일까? 그는 이제 웃고 농담도 하게 되었지만 처음에는 자신 또한 화에 질려서 '죽을' 것 같았다고 고백했다.[4] 그의 아픔과 저항의 시간은 영화 〈또 하나의 약속〉을 통해 간접적으로나마 엿볼 수 있다.

영화는 고등학교 졸업을 앞둔 딸의 대기업 면접으로 시작된다. 딸은 19세의 어린 나이에 반도체 공장에 입사한다. 그런데 입사 후 18개월이 지나자 멍, 구토, 피로, 어지럼증이 나타나기 시작하더니 급기야 급성골수성 백혈병으로 진단받는다. 골수이식 등 치료를 받았으나 재발해 아버지의 택시 뒷자리에서 2007년 3월, 23세의 나이로 숨을 거둔다.

이후 영화는 중요한 질문을 던진다. "자기가 병에 걸린 것을 왜 남 탓을 하는지?"라는 세간의 직간접적인 비아냥이다. 회사 인사과 실장은 모멸("개인적인 질병을 왜 회사 탓을 합니까?"), 협박("싸우면 누가 이길 것 같은데요?"), 속물다운 회유("그래요, 얼마를 더 드리면 되나요?")를 차례로 건넨다. 마을 사람들도 수군거린다("빨갱이 물들었다", "딸내미 목숨값 받아내려 한다", "데모하러 다닌단다", "미쳤다"). 아버지는 이런 모멸감 속에서 억울한 딸의 죽음의 원인을 밝히고, 그 책임을 묻기 위해 싸운다. 다음은 황상기가 처음 이종란 노무사를 만나서 한 이야기다(내가 강조하고 싶은 부분을 굵은 글씨로 표시했다).

"내 딸은 삼성반도체 기흥공장 3라인에서 기계 한 대에 2명이 1조가 되어 하는 일을 하루 8시간 동안 했습니다. 내 딸 유미와 한 조로 일했던 최 아무개 씨는 유산한 이후 회사를 나갔고, 그 자리에 이숙영 씨가 들어왔어요. 그런데 우리 유미가 먼저 백혈병이 걸렸고 곧바로 이숙영 씨도 백혈병이 걸려 둘 다 죽었는데, 삼성은 그것이 직업병이 아니라 개인 질병이고 삼성을 상대로 싸울 수 있으면 한번 해보라고 합니다. 이건 말도 안 되는 일입니다. 어떻게 개인이 혼자 삼성을 상대로 싸웁니까……."[5]

황상기의 말처럼 삼성과 싸움은 애초에 '말도 안 되는 일'이었다. 삼성이라는 기업에 다니면서 백혈병에 걸렸다는 사실을 믿게 하는 것조차 어려운 일이었다. 황상기 자신도 딸이 회사에서 병에 걸린 것 아니냐는 가족의 이야기에 "쓸데없는 소리 마. 그 좋은 데서 무슨"(영화 속 대사)이라며 무시했다. 영화에서 그가 딸의 병이 산업재해라는 판단 하에 의사 소견서를 받고자 처음 병원에 들렀을 때 들었던 대답은 너무나 당연히 있을 법해서 섬뜩하다. "교통사고 나면 자동차 회사 잘못이고, 자다가 허리 아프면 침대 회사 잘못이에요?"

그런데 이 대사를 어디에서 많이 들어보지 않았던가? 정말 가슴 아프게도 영화가 개봉하고 2개월하고 일주일 뒤에 세월호 사건이 발생했고, 일부 커뮤니티를 중심으로 같은 비아냥이 떠돌았다. 특히 영화 속에서 마을 사람들이 황상기의 반올림 활동을 두고 "빨갱이 물들었다", "딸내미 목숨값 받아내려 한다", "데모하러 다닌단다" 등의 이야기를 하는 것은 세월호 사건 때 고 김유민의 아버지 김영오에 대한 세간의 비난과 너무 흡사해 소름이 끼칠 정도다.

피해자가 못 배우고, 가난한 시골 사람이며, 가해자로 지목된 회사가 국가를 대표하는 기업이라는 사실만으로 피해자의 정당한 목소리는 도덕적으로 '타락'하고 '오염'된 것으로 치부된다. 가난한 것 자체가 '비도덕'적인 것이며, 대기업은 그 자체로 도덕적으로 '옳은' 존재다. 질병도 가난도 모두 게으르고 못난 개인의 탓인 것이다. 영화 속 기업 인사과 이 실장의 대사는 이러한 현실을 잘 대변해준다.

"개인적인 질병을 왜 회사 탓을 합니까? 증거 있으세요? 우리 회사 1년 매출이 얼마인지 몇 명을 고용하는지 아십니까? 대한민국 국민을 먹여 살리는 게 누구라고 생각하세요?……정치는 **표면**이고 경제가 본질입니다."

이 대사를 번역하면 이런 뜻일 게다. '자기가 못나서 걸린 병을 왜 아무 문제없는 회사 탓을 하려는 건가? 못 배운 티를 내나? 증거 하나 없으면서 억지 부리면 된다고 생각하는 건가? 우리 회사가 대한민국 국민을 이만큼 먹여 살리고 있는데 지금 일하던 어린 여직원 하나가 문제냐? 국가를 실질적으로 움직이는 게 우리 회사인데 하찮은 당신이 지금 이 회사를 상대로 덤비는 거냐? 그나마 사정 봐준다고 할 때 고맙다고 하고 떠나라.'

내 해석이 지나친 것일까? 그렇지 않다. 실제로 황상기는 딸이 사망한 후 8년 동안 끊임없이 삼성의 회유와 협박에 시달렸다고 한다. 담당자가 찾아와 10억 원, 나중에는 35억 원을 줄 테니 사회단체 사람들과 만나지 말라고 회유하고, 더 나아가 피해 본 것 다 갚아주고, 요구하는 것 다 줄 테니 그만 끝내자는 협박을 수차례 받았다고 한다.[6] 영화 속 대사처럼 "미치지 않고서는" 회사와 싸울 수 없었다.

황상기는 이러한 어려움 속에서도 버티고 싸워나가 작은 승리들을 이루어냈다. 그가 가늠할 수 없는 슬픔, 고통, 두려움 속에서 전진할 수 있었던 원동력은 직업병으로 고통받고 사망한 또 다른 황유미들이 보였기 때문이다. 병으로 가족이 죽고, 아프고, 더욱 가난해지면서 과거의 평범했던 삶은 물론이고 일상적 즐거움에서도 '분리'된 그였지만, 세상과 분리된 그곳에서 또 다른 피해자와 피해자 가족들을 마주하며 새로운 '통합'을 꿈꾸게 되었다. 백혈병이 무엇인지 잘 알지 못하고, 직업병이니 산업재해니 하는 것들이 모두 생소했던 그가 이제는 전자산업이 초래한 질병을 중심으로 사회적 끈을 형성하고 있다.

"처음에는 죽는 줄 알았죠. 시간이 많이 지나는 바람에 그 억울한 마음 조금 희석이 되었고, 계속 싸우다 보니 내가 죽을 것 같아. 내 화에 내가 질려가지고. 그래서 어느 순간엔가 내가 마음을 바꾸자고 했어. 억울해서 싸우지 말고 잘못된 걸 고치라고 즐겁게 싸우자고……그래서 처음보다는 마음이 많이 밝아졌어요. 그래서 이젠 장난 소리도 아주 잘하고요."[7]

그리고 또 다른 아버지들

영화 〈또 하나의 약속〉은 황상기의 이야기가 중심이지만, 영화를 본 후 다른 아버지가 눈에 들어왔다. 영화에서 비중은 크지 않지만 그가 오히려 대다수의 대한민국 아버지를 대변하는 것처럼 보였다. 바로 배우 이경영이 연기했던 반도체 공장 현장 관리 기술부 부장이었다. 그 배역의 모델(주교철)은 1983년에 입사해서 삼성반도체 기흥공장에서 일했던 엔지니어로 2006년 3월 46세의 나이에 백혈병으로 진단받았다.[8] 영화 속에서 그는 병의 원인을 회사로 돌리지 않았다. 청춘을 바쳐서 일해온 반도체 공장에 대한 자부심은 자신의 병을 회사 탓으로 돌리지 못하게 막았다. 오히려 회사가 자신에게 해준 것이 더 많다며 스스로 위로했다. 자신을 걱정해 병문안을 온 후배 엔지니어들이 다른 여직원들의 백혈병 발병 사실을 이야기하며 산업재해 가능성을 이야기하자 "내가 운이 없었던 거야……우연이야"(영화 속 대사)라며 자신의 병을 운명 탓으로 받아들인다. 생각해보면, 질 것이 뻔한 싸움에 도전하는 것보다 숙명으로 받아들이고 눈앞에 닥친 자신의 문제(질병의 치료)에만 집중하는 것이 일반적일지도 모르겠다.

영화 속에서 두 대표적 아버지(황상기와 주교철을 모델로 극화한 것을 말하며, 이 글에서는 영화 속 배역 이름이 아니라 실제 인물의 이름으로 표시한다)가 교차하는 순간이 두 번 나온다. 첫 번째는 주교철이 백혈병으로 병상에 '누워' 있을 때 황상기가 산업재해 증언을 부탁하러 온 장면이다. 두 번째는 황상기가 삼성반도체 공장 현관 앞에서 회사의 방해에 절망한 채 길바닥에 '드러누워' 있을 때 주교철이 증언해줄 직원을 알려주는 장면이다.

첫 번째 장면에서, 주교철은 증언을 거부한다. 황상기는 "우린 안 져요, 절대로"라며 딸과 한 약속을 강조하고, 주교철은 "나도 병에 안 집니다. 일어나서 회사 갑니다"라고 응수한다. 두 번째 장면에서 주교철은 증언해줄 사람을 찾지 못하고 "미안하다. 아빠는 여기까지인가 보다"라고 절규하는 황상기에게 다가간다. 그리고 조용히 증언해줄 사람을 알려주고 떠나며 혼잣말을 한다. "난 못하지. 암, 못하고말고."

각각의 장면에서 두 사람이 처한 상황과 대사가 절묘하게 대비된다. 첫 번째 장면에서는 서로 자신의 상황에서 지려 하지 않고, 두 번째 장면에서는 둘 다 이제 더는 하지 못한다고 독백한다. 두 장면에서 두 사람은 정반대인 듯하지만 아버지로서 각자의 상황에서 고군분투하고 있었다. 그런 의미에서 내게는 두 아버지의 삶이 모두 숭고해 보였다. 개인적으로는 사회와 회사에 드러내지 않고 고통을 숙명으로 받아들였던 주교철의 모습에 더욱 끌렸다.

내가 이렇게 주교철을 소개하는 것은 얼마 전 들은 안타까운 사연 때문이다. 이종란 노무사는 2017년 11월 3일 SNS를 통해 또 다른 아버지의 이야기를 전했다. 반도체 관련 하청 업체에서 일했던 분으로, 최근 급성악성림프종으로 사망했다. 반올림에서 산업재해 신청을 했지만 승인되지 않았고, 그의 아내는 재승인 심사 자리에서 3분간 발언할 기회를 얻으려 했지만 그러지 못했다. 다음 글은 그의 억울한 사연을 이종란 노무사가 소개한 것이다. 그의 아내가 직접 손으로 써내려간 호소문 속에서 나는 또 다른 아버지의 모습을 엿볼 수 있었다.

"53세에 저의 남편 ○○○는 하늘나라로 갔습니다.……□□라는 회사에 취업되었을 때 62세까지 열심히 다니라는 회사 간부의 말을 전하며 **뿌듯해하던** 남편의 미소를 잊을 수가 없습니다. 평생 정형외과 외에는 병원에 가본 적 없는 건강한 남편이 집에 오면 손이 아프다고 했을 때 직업병이라고는 하늘에 맹세코 생각하지 못했습니다. 손바닥이 벗겨지고 검푸른 색이 보일 때도 약국에서 바셀린을 사다 바르고……회사에서 알면 일을 못 하게 할까봐 걱정했던 남편, 회사에서 시키는 대로 했던 일들, 레이저에서 나오는 발암물질과……약품들의 발암 미세 물질, 밤 12시간, 낮 12시간 2교대로 한 달에 두 번 쉬던 고된 노동이 설마 면역력을 약화시켜 죽음으로 몰아갈 거라고는 꿈엔들 생각했겠습니까."[9]

이 호소문에서 가족을 위해 아픔을 참고 감추려 했던 또 다른 아버지의 모습을 목격할 수 있다. 발암물질을 겨우 바셀린 연고 하나에 의지에 버텼던 가장의 모습이다. 그에게 몸에 해로운 약품이 즐비한 회사는 고통스러운 곳이기 이전에 가족의 생계를 해결해주는, 그래서 떳떳한 가장일 수 있게 해주는 고마운 곳이었을 것이다. 아버지로서 '일을 할 수 있는 능력'은 '건강하다'는 것 이상으로 중요한 가치였을지 모른다.

산재 입증 책임을 떠맡은 피해자들

이혜정까지 포함해 2017년 12월 31일까지 반올림에 제보된 반도체, 전자회사 종사자 피해자는 총 360여 명에 달하고, 이 중 삼성전자 반도체·LCD 부문 피해자는 총 236명이며, 그중 사망자는 80명이다. 삼성그룹 전자 산업 분야 전체에 걸쳐서는 피해자 320명에 사망자 118명이다. 반올림을 통해 산재보험(산업재해보상보험)을 신청한 피해자는 2018년 9월 19일 기준으로 96명, 다른 경로를 포함하면 최소 99명이다. 질병의 종류만 23가지(이 중 림프조혈계암이 42명으로 가장 많으며, 희귀 질환만 15명에 달한다)다. 이 중 산업재해로 인정(확정)된 피해자는 현재까지 34명이다. 34명 중 18명은 근로복지공단에서 인정되었고, 16명은 행정소송을 제기해 인정받았다.[10]

산업재해 신청자 99명 중 34명만이 현재 인정(확정)을 받았으니 여전히 갈 길이 멀다. 이렇게 인정이 더딘 이유는 발병 입증의

근로복지공단에서 인정된 사례	행정소송으로 인정된 사례
· 김지숙 (삼성반도체 온양공장, 재생불량성빈혈) · 김도은 (삼성반도체 기흥공장, 유방암 사망) · 김진기 (매그나칩반도체 청주공장, 백혈병 사망) · 최○○ (삼성반도체 화성공장, 재생불량성빈혈 사망, 반올림 외 신청) · 박효순 (삼성반도체 기흥공장, 비호지킨 림프종 사망) · 이경희 (삼성반도체 기흥/화성공장, 폐암 사망) · 송유경 (삼성반도체 기흥/화성공장, 폐암 사망) · 이미자 (ATK 반도체, 유방암 사망) · 김미○ (삼성반도체 기흥/화성공장, 여성 불임) · 오상근 (삼성반도체 기흥공장, 뇌종양) · 김성○ (하이닉스반도체 청주공장, 비호지킨 림프종) · 김윤○ (삼성 LCD 천안공장, 백혈병) · 장○○ (삼성반도체 기흥공장, 뇌종양[역형성형 성상세포종]) · 김소O (삼성반도체 온양공장/QA품질부서, 비호지킨 림프종) · 김진O (삼성테크윈 창원공장/렌즈코팅, 반도체 도금, 만성골수성백혈병) · 김OO (삼성디스플레이 아산공장, 비호지킨 림프종) · 성OO (엠코테크놀로지코리아[ATK] 반도체, 유방암) · 이혜정 (삼성반도체 기흥공장, 전신성경화증 사망)	· 황유미 (삼성반도체 기흥공장, 백혈병 사망, 2심 확정) · 이숙○ (삼성반도체 기흥공장, 백혈병 사망, 2심 확정) · 김경○ (삼성반도체 기흥공장, 백혈병 사망, 2심 확정) · 유명○ (삼성반도체 온양공장, 재생불량성빈혈, 1심 확정) · 윤○○ (삼성반도체, 다발성신경염증, 1심 확정, 반올림 외 신청) · 이은주 (삼성반도체, 난소암 사망, 1·2심 승소 후 공단의 상고 포기로 확정) · 김미선 (삼성 LCD, 다발성경화증, 1·2심 승소 후 공단의 상고 포기로 확정) · 이소정 (가명, 삼성반도체, 다발성경화증, 1심 패소, 2심 승소 후 공단의 상고 포기로 확정) · 이희진 (삼성 LCD, 다발성경화증, 1·2심 패소 후 대법원에서 파기환송되어 산업재해 인정 확정) · 김경순 (큐티에스, 유방암, 1심 인정 후 공단의 항소 포기로 인정 확정) · 이윤정 (삼성반도체 온양공장, 악성 뇌종양 사망, 대법원 확정) · 손경주 (삼성반도체 기흥공장[협력업체] 백혈병 사망, 1심 확정) · 김기철 (삼성반도체 화성공장[협력업체] 백혈병 사망, 1심 확정) · 장OO (엘지전자 평택공장 재생불량성빈혈, 1심 확정) · 김민정 (삼성전기 수원사업장, 만성골수성백혈병, 1심 확정) · 이지영 (삼성반도체 온양공장, 악성 뇌종양, 1심 확정)

책임이 노동자에게 있기 때문이다. 동일한 피해자가 수없이 많아도 인과관계를 밝혀야 하는 책임은 피해 당사자에게 있다. 〈또 하나의 약속〉에서 이에 관한 황상기의 대사가 나온다.

"산재 신청을 하니 그 증거를 우리한테 내놓으래요. 공장도 못 가고, 일급비밀이라 내놓지도 않는데. 그런데요. 우리한테 증거 있어요. 여기, 여기, 또 여기, 또 저기. 옆에 있는 노동자들의 몸, 이게 우리 증거예요. 이보다 확실한 증거가 있을까요?"

이 발언에 핵심이 담겨 있다. 눈에 보이는 피해자가 존재해도 가해자(삼성)와 중재자(법원)는 앵무새처럼 증거를 내놓으라고만 말한다. 얼마나 많은 피해자가 나와야 증거로 충분하단 말인가? 2007년부터 반올림에서 활동해온 산업의학 전문의 공유정옥은 이러한 현실의 문제점을 지적하며 아래와 같이 외쳤다.

"격이 달라요. 그러니까 이 기업이 보면 볼수록 정말 격이 떨어져요. 그런데 그게 너무 속상한 거예요. 그 기업을 대한민국이라는 사회가 대표 브랜드라고 생각하고 있다는 것 자체가 수치스럽고요. 올해(2015년) 2월에 죽은 친구는 1992년생이에요.……이런 어린 사람들의 죽음 앞에서 나이 조금 더 먹은 사람들이 이렇게 있는

셋. 재난의 아픔

게 맞느냐는 거죠. 이건 양심의 문제예요."[11]

그렇다. 이것은 근본적으로 양심의 문제다. 공유정옥이 반올림 활동을 하면서 느낀 절망감을 다음과 같이 말했다. 삼성반도체라는 거대 기업에서 젊은 노동자들이 백혈병으로 쓰러지고 있는데 "피해자는 아무것도 알지 못하고, 회사는 아무 문제가 없다고만 하고, 정부는 아무 이야기도 해줄 수 없다고만 하는 답답하고 이상한 상황"이었다.[12]

공유정옥은 이러한 문제가 과거 미국 실리콘밸리와 영국 그리녹Greenock에서 이미 발생했던 것임을 알게 되었다. 전자산업의 경쟁력은 'NUNSNo Union, No Strike'라는 기업 측 이야기도 듣게 되었다. 이런 기업을 제어하기보다 불법을 눈감고 규제를 완화해주는 정부의 모습도 모든 나라에서 끔찍할 정도로 반복된다는 사실도 확인했다.[13]

승리는 여전히 더디고 후원금도 넉넉하지 않지만,[14] 2017년 8월 29일 대법원에서 의미 있는 판결이 나왔다. 2002년부터 삼성전자 LCD 천안공장에서 4년 3개월 근무한 이희진(1984년생)은 다발경화증을 앓았다. 2010년 7월 근로복지공단에 산재보험 요양 급여를 신청했지만 2011년 불승인 통보를 받고 2011년 4월 서울행정법원에 행정소송을 제기했으나 1·2심 모두 패소했다. 그런데 2017년 8월 29일 대법원에서 산업재해 인정 취지로 원심 판결에 대해 파기환송 판결을 내린 것이다. 이 승리가 값진 것은 대법원 판결문에 담긴 내용 때문이다.

핵심은 산업재해를 입증해야 하는 책임이 피해자에게 있다는 원칙을 완화할 수 있는 법리적 기준을 제시해주었다는 것이다. 이와 함께 사업주와 행정청이 잘못(협조 거부, 조사 거부나 지연 등)을 저지를 경우 '노동자에 유리하게 해석'하고, '희귀 질환은 전향적으로 업무와의 상당 인과관계를 인정'하며, '여러 유해 요소에 대해 복합적, 누적적 작용을 고려'해야 한다고 강조했다. 아직 갈 길은 멀지만, 약자를 위한 당연히 있어야 했던 최소한의 염치가 생겼다.

우리는 모두 사회적 질병을 앓는 환자다

황상기는 억울하게 죽은 딸과의 약속을 지키기 위해 10년을 달려왔다. 그 과정에서 그는 반올림이라는 연결 고리를 통해 또 하나의 가족을 만나게 되었다. 여기에는 자신의 딸과 같은 질병을 앓고 있는 사람들부터, 다른 공장에서 다른 질병으로 직업병에 걸린 피해자와 가족들까지 있다. 그리고 그들과 함께 싸우며 아픔을 공유하고 치유해 나가려는 사람들이 존재한다.

셋. 재난의 아픔

이들은 비록 소수라 할지라도 가족으로 손색없다. 이러한 '또 하나의 가족들'을 보면서 인류학자 로버트 머피가 말한 '경계적 인간'이 떠올랐다.[15] 경계limen는 과거의 나와 다른 정체성을 가진 '나'로 변이하는 문턱이다. 장애인이었던 머피는 장애인의 사회적 위치를 설명하기 위해 '경계성liminality' 개념을 소개했다. 머피는 '나'라는 존재가 이 경계를 넘는 순간 과거와는 다른 존재가 된다고 보았다. 경계는 질병이 될 수도 있고, 장애가 될 수도 있다. 이 내용 자체는 그리 놀랄 만한 것은 아닐 것이다.[16] 하지만 '경계적 인간' 개념이 주는 진정한 가치는 경계적 사람들은 "사회적 구별 짓기에 의해 분리되지 않은 전인적 개인으로 서로와 마주한다"는 점이다.[17]

이런 관점에서 반올림이라는 단체를 중심으로 연결된 사람들이 하나의 가족처럼 서로를 마주할 수 있었던 것은 역설적이게도 이들이 겪은 고통 때문이 아닌가 싶다. 이제는 그 고통 이전으로 돌아갈 수 없고, 또한 그러한 고통을 경험하지 못한 일반인들과 동일한 상태로 돌아갈 수도 없다. '경계성' 개념을 처음 소개한 인류학자 빅터 터너Victor Turner의 표현대로 '이도 저도 아닌 betwixt-and-between' 중간 상태에 머무르는 것이다.[18] 하지만 바로 그 경계적 인간으로서 사회적 위치가 이들을 하나의 가족으로(터너의 표현을 따르면 기존의 구조를 벗어난 '탈구조 공동체')[19] 연결할 수 있었던 것이 아닌가 한다.

이제 나를 포함해 전자산업의 피해자와 가족이 아닌 일반인의 입장을 생각해본다. 우리는 그들과 같은 경계적 인간의 위치에 설 수 없을지도 모른다. 그래서 그들처럼 서로를 전인적 인간으로 바라볼 수 없을지도 모른다. 그렇지만 한편으로는 소수의 지배자 계층을 제외하면 모두 노동자이거나 노동자의 가족이다. 그렇기 때문에 언제든지 산업재해의 피해자 혹은 그들의 가족이 될 가능성이 있다.

게다가 우리는 이미 한국 사회에서 '삼성공화국'이라는 환자복을 입고 살지 않는가? 또한 OECD 국가 중 자살률과 산업재해 사망률 1위라는 현실 속에서 긴장하고 상처받고, 때론 위로받으며 살고 있지 않은가? 대한민국 사회와 문화가 병원체가 되어 우리를 공격하고 있는데, 아직 아프지 않고 행복하다고 자신할 수 없지 않을까? 이 모든 질문에 '그렇다'고 답한다면, 그래서 나 또한 사회적 질병의 환자임을 자각한다면, 우리 역시 타인과 전인적 인격체로서 마주할 수 있을지 모른다. 반올림 농성장과 같은 곳이 사회 곳곳에서 모두를 동등한 인격체로 마주할 수 있도록 서로의 어깨를 짓누르는 사회적 중력을 흡수하는 블랙홀이 되었으면 한다.

넷.

━━━

노동의

━━━

아픔

고용허가제는 합법적인 외국인 노동자 고용을 위해 마련된 제도지만 '불법체류 방지'를 위해 어쩔 수 없다는 찬성 측과 '현대판 노예제'나 다름없다는 반대측이 맞서고 있다. 인권단체 쪽에서는 고용허가제가 아닌 노동허가제로 바꿔야 한다는 목소리가 커지고 있다.

가치 실현인가, 가치 말살인가

■

2018년 4월 말 경기도 이천의 한 비닐하우스에서 2년째 채소 재배를 하는 네팔 이주노동자 A를 찾아갔다. A는 외딴 산중턱에서 거의 홀로 거주하며 20동이 넘는 큰 비닐하우스를 아침 7시부터 저녁 8시까지 관리하며 지냈다. 나는 A가 어떤 숙소에서 어떤 일을 하고 있는지 직접 확인하고 싶었다. 서울에서 어렵게 찾아온 나를 위해 A는 비닐하우스를 분주히 오고가며 온갖 채소를 따느라 여념이 없었다. 얼갈이 배추, 상추, 실파 등. 하우스 입구에서 A를 기다리며 사진 속 전기설비 상자를 물끄러미 쳐다보았다. 순간 '위험'이라고 쓰인 글귀가 도드라져 보였다. 이 '위험'한 곳에서 A는 홀로 2년의 시간을 보냈던 것인가. 위험한 상황에 빠져 쓰러진다면 소리를 질러도 누구 하나 듣지 못하는 곳에서 A는 어떻게 버텼을까.

네팔 이주노동자의 연이은 자살과 산업재해 사망사고 소식을 들을 때마다 사진 속 '위험' 글귀가 떠오른다. 위험한 줄 알면서도 왜 위험에 스스로 방치한 것일까. 도대체 어떤 가치를 위해서 말인가. 몸과 마음이 아파도 아프다 말하지 못하고 쓰러져간 노동자들에게 과연 한국 사회는 어떤 '가치'를 요구한 것일까. 그리고 그 대가는 무엇이었을까. 주변을 둘러보자. 모멸감을 참으며 일해야 하는 콜센터 여성 상담사, 통증을 참으며 일해야 했던 이주노동자, 제대로 된 안전교육과 시설 없이 죽음에 방치된 이주노동자의 이야기가 낯설지 않을 것이다. 이 노동자들의 아픔을 보면서 한국 사회에서 과연 어떠한 도덕적 가치가 우선시 되는지 고민하지 않을 수 없다. 그리고 되물어본다. 이 땅에서 노동은 과연 누구를 위한 가치 실현인 것인가. 아픔은 왜 항상 약자의 몫이어야만 하는가.

문화는 어떻게

몸에 새겨지는가

타인을 바라보는 도덕적 잣대

친구가 내게 말했다. "사실 난 문화라는 말 같은 거 안 믿어. 제도도 아니고." 문화를 연구하는 친구가 어렵게 박사 논문 심사를 끝내고 축하받는 자리에서 굳이 할 소리인가 싶어 조금 서운했다. 아들이 의사 면허증을 따니 돌팔이 이야기는 안 믿는다던 내 아버지와 뭐가 다를까 싶었다. 술기운을 빌려 항변해볼까도 했는데, 이어진 친구의 질문에 이내 웃으며 포기했다. "그런데 영국 사람들 진짜 이상하지 않아?"

친구는 문화를 믿지 않는다고 말했지만, 영국인의 낯선 문화를 몸으로 느끼고 있었던 거다. 심지어 영국인들의 낯선 행동을 자세히 다룬 영국 인류학자 케이트 폭스Kate Fox의 『영국인 발견 Watching the English』라는 책을 추천까지 했다. 읽어보니 그동안 도무지 이해하기 힘들었던 영국식 유머 코드부터 날씨 이야기로 안면을 트는 것 등 흥미로운 소재들이 넘쳐났다. 친구에게 문화란 이처럼 독특한 생활양식 같이 재미있는 이야기 소재였지 사회를 작동시키는 거대한 힘은 아니었다.

그런데 문화가 정말 재미있는 이야깃거리에 그칠까? 영국에서 겪은 일화다. 친구가 학업을 마치고 귀국하는 길에 이발기를 주고 갔다. 10밀리미터 길이로 잘린다고 적혀 있어서 그렇게 믿었다. '우웅우웅' 하면서 곧바로 앞머리에 고속도로가 생겼다. 순간 약간의 당혹감과 호기심이 스쳤다. 일은 저질러졌다. 거의 삭발 수준의 머리가 되었다.

다음 날 영국 지도 교수님과 미팅이 있었는데, 2시간 넘게 내 머리는 눈길조차 못 받았다. 뭐 달라진 거 없냐고 물었다. 교수님은 잠깐 고민하더니 "헤어 컷 했나? 깔끔해." 그게 다였다. 그런데 지역 한인 모임은 달랐다. 내가 등장한 순간 모두의 시선은 곧바로 내 머리로 향했다. 불편하지 않았다면 거짓말이다. 나는 그 시선들이 전혀 '재미있지' 않았다. 그런데 누구를 탓하겠는가? 그러한 시선들이 신경 쓰인다는 것은 나 또한 그만큼 이러한 문화에 익숙해져 있다는 반증일 게다. 나 역시 한때 입술에 피어싱한 박사 동료를 보고 머릿속으로 혼자 온갖 도덕적 잣대를 들이댔던 경험이 있다.

인류학을 수년 동안 공부했어도 갑자기 문화가 뭐냐고 질문을 받으면 아직도 생각할 시간이 필요하다. 하지만 이것은 확실하다. 문화란 단순한 이야깃거리에 그치지 않는다는 점이다. 문화가 타인을 바라보는 일정한 도덕적 잣대가 된다면, 그래서 경멸의 시선을 만든다면, 더더욱 그러하다. 이번에는 바로 이러한 문화의 특성을 한국과 캄보디아의 사례를 통해 이야기하고자 한다.

눈치 보는 사회

문화와 시선에 대한 좀더 무거운 예를 들어보자. 영국에 처음 왔을 때 나는 유모차를 끌고 가면서 흡연하는 여성을 목격하고 충격을 받았다. '저 여성은 아기의 건강에 신경은 쓰는 걸까? 그런데 왜 영국인들은 그녀에게 눈길조차 주지 않는 걸까?' 당시 영국 문화에 미숙한 내게 이 상황은 너무나 낯설게 보였다. 하지만 그녀를 응시하던 내 눈빛을 당사자가 목격했다면 어떤 반응을 보였을까?

얼마 지나지 않아 정반대의 경험을 하게 되었다. 인류학 콘퍼

런스에서 한국 콜센터 여성 상담사들의 노동 환경에 대해 발표하던 자리였다. 그때 나는 영국 청중들의 표정과 반응에서 한국의 상황이 다른 문화권 사람들에게는 얼마나 낯설고 이상하게 들릴 수 있는지 경험했다. '진짜로?'라는 의심과 동정의 눈빛, 수시로 미간을 찌푸리며 고개를 좌우로 흔드는 모습이 잊히지 않는다. 내 친구의 표현대로 그들은 "한국 사람들 정말 이상하지 않아?"라고 반문했을지도 모른다.

이런 경험들이 쌓여 나는 문화를 자주 '시선'으로 이해하고 설명한다. 이 시선은 일상을 '눈치 보는 사회'로 만든다. 눈치라고 단순히 표현했지만, 이것은 사실 다양한 인간관계를 기반으로 한다. 그 관계들에서 나오는 각종 요구 사항과 시선에 몸이 맞추어져 있다. 인류학에서는 이러한 시선들을 흔히 '거미줄'로 표현한다. 이 거미줄은 흔히 인용되는 문화에 대한 정의에서 빌려온 것이다.

미국의 인류학자 클리퍼드 기어츠는 문화를 '의미의 그물망webs of significance'이라고 보았다.[1] 인간을 거미라고 한다면, 그 거미가 뿜어낸 거미줄들은 일종의 문화다. 기어츠가 주목한 것은 거미줄의 형성과 배열에 어떤 '법칙'이 존재하는 게 아니라, 각각의 거미줄이 '의미'를 내포하고 있다는 것이다. 이를 마치 실에 매달린 꼭두각시처럼 오해하는 분들이 있는데 그렇지 않다. 기어츠는 그물망이 빈틈없이 촘촘하다a seamless web고 보지 않았다.

또한 완벽한 거미줄도 아니지만, 반대로 모래 더미처럼 제멋대로 흩어져 있는 것이라고 보지도 않았다.[2]

기어츠가 말하고자 한 핵심은 의식하든 그러지 않든 사람의 행위에는 다양한 의미가 담겨 있다는 사실이다(어떻게 보면 너무 당연한 이야기일 수 있다). 인류학자의 역할은 바로 그 의미들을 해석하는 것이다. 기어츠는 그동안 다양하고 복잡하게 정의된 문화 개념(무려 162개나 된다고 한다)에서 벗어나 '맥락(의 함의)'의 중요성을 주장했다.[3] 즉, 맥락으로서의 문화에 대한 강조다. 그에게 문화란 구체적인 상징들로 전해져 내려온 '의미들'이다.[4]

시선과 고통: 어느 콜센터 상담사의 자살

사람은 언제나 다양한 시선에 노출되어 있고, 모든 행동은 시선과 상호작용한다. 그리고 그 시선에는 항상 '의미들'이 담겨 있다. 그런데 그것이 가시가 돋아 있는 시선이라면 어떨까? 지금부터 내가 전하고자 하는 내용은 고통과 연관된 한국 사회의 시선이다. 이때의 시선 혹은 문화는 그저 재미있는 대화가 아니다. 실질적으로 개인과 사회를 고통스럽게 만드는 물리적 힘이다. 다음의 짧은 메시지로 관련된 이야기를 시작하려 한다. "아빠, 나 아직 콜 수 못 채웠어."[5]

2017년 1월 22일 영하 9도의 몹시도 추운 저녁이었다. 콜센터 현장 실습생 이경희(가명)는 저수지에 몸을 던졌다. 해지 방지 부서에서 약 5개월간 근무한 전주의 한 특성화고등학교 3학년 여학생이었다. 앞의 말은 그녀가 어느 날 오후 6시가 넘어 아버지에게 전한 문자메시지다.

상담사 일을 경험한 적 없는 이들은 '할당된 하루 실적이 있겠다' 정도로 받아들일지 모른다. 하지만 실제 상담 경력이 있는 이들에게는 '소름 끼치는' 문장이다. 2014년 콜센터 현지 조사를 하며 알게 된 콜센터 상담사 6년 차인 김수경(가명)은 자신의 SNS에 해당 뉴스에 대해 다음과 같은 반응을 보였다. 이 글은 한국 사회의 시선과 고통에 대해 많은 것을 시사해준다.

"오늘 아침 출근길에 기사의 헤드라인을 보고 신입 시절이 생생히 기억났다. 텅 빈 상담석에 앉아 내가 알지 못하는 내용을 질문할까 봐 조마조마하며 식은땀을 흘리며 두근거리며 대기를 하던, 벌벌 떨며 키보드를 두드리던 모습……그 악몽은 사라졌다 생각했는데 기사의 헤드라인 "콜 수 못 채웠어"에 소름 끼치는 모든 기억이 되살아났다."

— 콜센터 상담사 김수경의 SNS, 2017년 3월 6일

식은땀, 조마조마, 벌벌 떨던 손. 이렇게 김수경의 몸이 기억하는 '채우지 못한 콜 수'의 경험은 악몽과도 같았다. 그것은 소름 끼치게 고통스러운 경험이었다. 거대한 포식자 앞에서 공포에 휩싸인 먹잇감의 모습이 이렇지 않을까 싶을 정도다. 도대체 무엇이 이렇게 끔찍한 경험을 몸에 새겨놓았을까? 그리고 그것이 '의미'하는 것은 무엇인가? 이것은 한국 사회의 어떤 '시선'을 뜻하는 것일까?

이경희의 이야기로 돌아가 생각해보자. 그녀는 죽기 전 아주 가까운 친구에게 해지 방지 부서의 어려움을 토로했다. "나 진짜 죽겠다. 죽고 싶다. 더는 못 견디겠다. 고객들이 상욕하는 것도 힘들고 계약 해지를 막아야 하는데 그러지 못해 위에서 갈구는 것도 너무 힘들다."[6] 또한 그녀는 친구에게 주변 사람들이 나약하다고 '깔볼' 수 있으니 다른 사람에게 힘들다고 이야기하지 말라고 조언도 했다. 하지만 고객들은 이경희에게 상욕을 하면서 깔보았고, 팀장은 실적이 적다고 깔보았다. 버티다 못한 그녀가 회사를 그만두려고 했을 때 실상을 몰랐던 어머니는 이렇게 타일렀다고 한다. "어려워도 참고 이겨내야 한다."[7]

2년 3개월 그곳에서 일했던 상담팀장 B 또한 부당한 상담 압박과 추가 근무에 고발장을 남기고 자살했다. 그가 힘들어할 때 (그는 고객 거주지까지 찾아가 사과했다) 그의 아버지 역시 '어느 직장 가면 다른 게 있느냐', '견뎌야 한다'고 타일렀다고 한다.[8] 같은 환경에서 일하며 돌이킬 수 없는 선택을 한 두 사람 주변에는 깔보는 사람들과 견디라는 사람들뿐이었다. 이들에게 쏟아지는 시선이란 가시 돋친 모멸감과 상처투성이 인내심을 강요하는 것이었을지 모른다.

식은땀, 조마조마, 벌벌 떨리는 손

의문이 들었다. 이경희가 차디찬 저수지를 최종 목적지로 선택한 것은 과연 사회적 시선에서 벗어나려는 몸부림이었을까? 아니면 오히려 충실히 따라간 결과일까? 전 세계 1위의 자살률(2012년 기준 10만 명당 36.8명)[9]을 고려한다면 자살도 한국 사회에서 하나의 선택 가능한 '문화적 행위'일지도 모른다.[10] 그렇지만 그녀의 선택이 과연 가시 돋친 현실의 그물망에서 탈출을 의미하는지는 의문이다.

미국의 사회학자 어빙 고프먼의 다음과 같은 지적 때문이었다. "수치스러움embarassment이란 사회가 요구한 품행의 범위를 벗어나는 비이성적 행동이 아니다. 오히려 사회가 요구한 바로 그 질서를 따르는 행위다."[11] 고프먼은 사회 구성원으로 살아가기 위한 '몸의 문법body idiom'이 있다고 주장하며,[12] 수치스러움을 사회적 상호작용의 매우 중요한 감정으로 이야기한다.

이것을 좀더 확장해본다면, 이경희가 겪은 죽고 싶을 만큼 참기 힘든 모욕감이란 사회 혹은 회사와 고객이 여성 상담사에게 요구한 사회적 문법일 수 있다. 단 몇 시간도 그 같은 모욕감을 받아들이지 못했다면, 그래서 당장 콜센터를 뛰쳐나왔다면, 이경희의 표현대로 사회는 그녀를 나약하다고 깔보았을 것이다. 어찌 보면, 그녀의 죽음은 고통의 임계점까지 사회적 문법을 충실히 따라간 결과일지도 모른다. 그것이 한국 사회가 지닌 진정한 문화적 '맥락'일지 모른다. 이 안타까운 사연을 영국 인류학 콘퍼런스에서 소개한 적이 있다. 한 학생이 가장 먼저 손을 들고 질문했다. "그녀는 그렇게 힘든데도 왜 콜센터를 그만두지 않았죠?" 영국인의 시선으로 볼 때 콜센터의 횡포나 고객의 멸시도 이해되지 않았지만, 그런 상황을 참고 견디다 끝내 안타까운 선택을 한 그녀 역시 도무지 이해되지 않았던 것이다.

이와 관련해서 미국 인류학자 아서 클라인먼Arthur Kleinman의 '도덕적 경험moral experience'이라는 개념을 소개하고자 한다. 클라인먼은 개인의 경험을 확실히 이해하려면 '도덕적'이라는 단어를 추가해야 한다고 주장한다. 그런데 왜 '도덕'일까? 클라인먼은 개인의 모든 일상적 경험을 어떤 가치value를 선택하기 위한 주변과의 지속적인 타협과 투쟁의 산물이라고 본다. 여기서 주변이란 일종의 네트워크와 같은 것으로, 작게는 가족과 친척, 친구, 직장, 처해 있는 여러 사회적·경제적 상황을 포괄한다. 즉, 개인의 모든 경험은 인간관계, 과거의 기억, 현실적 압박감, 불분명한 기대감 등이 얽혀 매 순간 어떠한 '가치'를 선택한 결과로, 개인의 감정을 동반한 '도덕적 가치'를 포함한다.[13]

이경희가 콜센터를 그만두는 것에 대해 내린 '가치' 판단은 단순히 고통스러운 업무 환경뿐만이 아니라 부모님, 친구들, 학교 선생님, 팀장들의 시선과 기대, 현실적 상황 등이 복잡한 감정과 뒤섞이면서 형성된 것이다. 클라인먼은 우리가 누군가의 경험을 바라볼 때 반드시 다음의 질문을 해야 한다고 주장한다. "그의 일상에서 지금 가장 중요한 것이 무엇인가What is at stake?" 자존심이 강했다는 이경희는 남에게 깔보이는 것을 싫어했다. 하지만 직업상 갖은 욕설과 멸시에 무방비로 노출되었다. 그녀에게 가장 중요한 가치는 깔보이거나 멸시받지 않는 삶이었을지도 모른다. 자신과 부모·친구의 관계에서 만들어낸 기대와 가치 속에서, 특성화고등학교를 졸업한 여성이 직면한 취업 시장 상황에서, 그녀는 '멸시받지 않기' 위해 몇 개월 동안 '멸시를 받아낸' 것이다. 이경희는 멸시에서 벗어나기 위해 노력했지만, 안타깝게도 멸시의 무자비함의 희생양이 되고 말았다.

이경희의 사례는 개인에게 쏠리는 시선이 당사자를 죽음에 치닫게 만들 정도로 고통스러울 수 있다는 것을 보여준다. 이경희의 경험이 개인적인 것이 아니라는 것은 상담사 김수경의 반응을 통해 알 수 있다. '콜 수를 못 채웠다'는 문구를 읽은 것만으로도 소름 끼치던 당시의 기억이 되살아날 정도였다. 미국 인류학자 토머스 소르다스Thomas Csordas는 몸을 '문화의 존재 기반the existential ground of culture'이라고 말한다.[14] 그는 개인이 세상을 '인식 perception'할 때도, 이에 따라 '실천practice'할 때도 모두 몸을 기반으로 한다고 강조한다.

그렇다면 깔보는 것을 견뎌내고 적절한 대응을 하는 여성 상담사의 몸은 한국 사회의 어떠한 문화를 보여주는 것일까? 어느 상담사의 몸이 기억하는 경험은 식은땀, 조마조마, 벌벌 떨리는 손이었다. 문득 막다른 골목에서 고양이를 마주친 생쥐가 벌벌 떠는 만화 같은 장면이 떠올랐다. 그렇게 겁을 먹고, 또 겁을 먹을 줄 아는 순종적인 '을'의 문화가 고통스러운 시선에 노출된 상담사의 몸이 보여주는 한국 사회의 민낯일지도 모른다.

시선과 '지역 도덕관'

콜센터 상담사의 사례는 시선과도 같은 문화가 어떻게 고통으로 연결될 수 있는지 보여주었다. 그럼 이런 의문이 들지 모른다.

이경희가 그렇게 힘들어할 때 주변의 상담사들을 포함해 다른 사람들은 무엇을 했다는 말인가? 왜 아무도 저항하거나 반대 목소리를 내지 않았을까? 그 지역사회는, 더 넓게는 한국 사회는 이 지경이 될 때까지 무엇을 한 것일까? 이에 대한 답변을 찾고자 한 인류학자가 캄보디아에서 조사한 이야기를 짧게 소개하려 한다. 개인의 '도덕적 경험'은 이렇게 해당 지역의 '도덕관'과 연결된다.

미국 인류학자 린지 프렌치Lindsay French는 1989년부터 2년간 캄보디아와 태국의 국경에 있는 캄보디아 크메르인 난민 캠프를 현지 조사했다.[15] 캄보디아는 1975년에서 1979년 사이 폴 포트 Pol Pot가 이끈 크메르루주 공산당 정권에 의해 자행된 양민 학살인 '킬링필드'의 나라로 알려졌다. 1979년부터 약 22년 동안 베트남군의 지원을 받은 정권과 이에 대항한 3개의 군대(크메르루주, 시아누크 국왕파, 론놀파) 사이에서 끊임없이 내전이 발생했다.

프렌치는 내전을 피해 난민 캠프로 피신한 크메르인들을 찾아가 대인지뢰의 피해를 조사했다. 1991년 휴먼라이츠워치HRW의 아시아 보고서에 따르면 전체 약 800만 명의 캄보디아 인구 중 3만 명 이상이 하지 절단 장애인이었으며, 특히 캄보디아와 태국 국경 지대 거주민은 7명 중 1명꼴로 지뢰 피해자였다. 프렌치는 대인지뢰에 하지가 절단된 장애인이 거주민에게 어떤 영향을 미치고, 거주민은 손상된 몸을 어떻게 경험하고 '읽어내는지', 그리고 이것이 당사자에게 어떤 영향을 미치는지 조사했다.

프렌치는 캄보디아 주민들이 당연히 지뢰로 다리를 잃은 사람들을 보며 연민을 느끼고, 전쟁의 폭력성을 깨달을 것으로 생각했다. 하지만 그곳에서 연민은 찾기 어려웠다. 오랜 전쟁과 취약한 경제로 하루하루 먹고 살아야 하는 각자도생의 현장이었고, 타인을 위한 연민과 배려는 사치인 곳이었다. 오랜 불교문화의 영향으로 불행한 사고는 전생의 업으로 이해했다. 젊은 나이에 경제적 능력을 상실한 장애인은 가정에서 수입원으로서 그 위치를 상실하고 짐이 되었으니, 절망 속에서 엇나가기 일쑤였다. 캄보디아의 소승불교에서는 전생의 업보가 불행으로 한꺼번에 들이닥친다고 믿었다. 지뢰 피해자들은 가까이 해서는 안 되는 불행의 씨앗으로 취급되었다. 즉, 걸어 다니는 인간 지뢰였다. 이렇게 장애인들은 '불경스러운' 존재로 '읽혔고', 사람들은 액운이 옮을까봐 접촉을 꺼렸다. 어떠한 동정이나 관심도 받지 못하고, 도리어 접촉을 꺼리니 지뢰 피해자들은 더 거칠어졌다.

대인지뢰의 목적은 살상이 아니다. 지뢰로 사람을 죽여서는 안 된다. 지뢰의 흔적이 새겨진 몸을 군인과 시민들 사이에 드러내 "우리도 저들처럼 될 수 있다"는 전쟁의 공포를 퍼뜨려야 한다. 그렇지만 캄보디아인들에게는 지뢰가 남긴 상흔은 전쟁의 잔혹함을 떠오르게 하지 못했으며, 불교의 강력한 측은지심도 불러일으키지 못했다. 오히려 그 반대였다. 그렇지만 전쟁의 공포심을 전달하기에는 충분했다.

당시 (불행의) 피해자들은 (불행을 초래할) 가해자로 받아들여졌다. 프렌치는 '지역 도덕관local moral world' 개념으로 이러한 현실을 해석했다. 그녀는 국경 지대의 캄보디아인들이 겪어온 빈곤, 전쟁의 만행과 테러 등으로 '이기심'과 '불신'이 생존을 위한 실질적인 본능으로 자리잡았다고 보았다. 이처럼 해당 지역의 상황에 따라 도덕적 가치의 기준이 다를 수 있음을 지적하며, 이것을 '지역 도덕관'이라 해석했다.

가난이 죄가 되는 사회

그렇다면 오늘날 한국의 지역 도덕관은 이기심과 불신으로 점철된 1990년대 초 캄보디아와 얼마나 차이가 있을까? '갑질', '흙수저', '스펙 쌓기', '헬조선'과 같은 은유적 표현이 상징하는 한국의 현실은 이타심과 신뢰보다는 이기심과 불신에 가까울지 모른다. 1997년 IMF 사태 이후, 정리 해고를 앞세운 노동시장의 유연화가 본격화되면서 한국 노동자들에게는 고용에 대한 '불안'과 실업에 대한 '공포'가 배후 감정background emotion으로 자리

잡았다고 한다.[16]

개인적으로 2014년 2월 한국 사회를 슬픔에 젖어 들게 만들었던 '송파 세 모녀 자살 사건'은 실업과 생계의 위험이 어느 수준에 다다랐는지, 그 불안과 공포를 여실히 보여주는 사례로 기억한다.[17] 생활고로 죽음까지 결심한 세 모녀가 집주인에게 마지막 집세와 공과금 70만 원을 내며 남긴 마지막 말은 "정말 죄송합니다"였다. 마지막으로 외마디 절규라도 할 법한데, 사죄라니……. 이들이 무엇을 잘못한 것인가? 약 30년 전 캄보디아에서 지뢰로 다리를 잃은 피해자들이 도리어 가해자로 취급받은 것과 너무나 흡사하다.

35세 큰딸이 당뇨와 고혈압을 앓게 된 것도, 32세 작은딸이 만화 지망생 신분으로 제대로 경제생활을 할 수 없었던 것도, 60세 어머니가 몸을 다쳐 식당 일을 못 하게 된 것도, 아버지가 12년 전 방광암에 걸려 세상을 떠난 것도 캄보디아 청년이 자기 업보에 따라 지뢰를 밟은 것처럼, 오로지 당사자들이 '죄송해하고' 부끄러워할 일이었다. 사회복지 혜택을 받기 위해서는 수치심을 대가로 치러야 하는 것이 한국의 현실이다.[18] 가난은 우리 사회에서 도덕적으로 옳지 않은 것이다. 그 같은 가시 돋친 시선들을 경험했기에 이들은 죽는 순간까지 사죄의 말을 남겼을지 모른다.

다시 콜센터 상담사 이경희의 이야기로 돌아가자. 그녀가 죽고 싶을 만큼 고통스러워할 때 주변 사람들은, 회사는, 사회는 왜 아무것도 하지 못했을까? 그들은 아무것도 하지 않은 것이 아니라, 사회가 원하는 것을 정확히 수행하고 있었을지 모른다. 안타깝지만가난이 죄가 되고 개인의 수치로 받아들여야 하는 사회에서 이타심과 신뢰보다는 이기심과 불신이 미덕일 수 있다. 이것이 한국 사회의 진정한 문화적 '맥락'이지 않을까 싶다.

타인의 모멸감과 수치심을 걱정하기보다 "우리도 저들처럼 될 수 있다"는 불안과 공포가 클지도 모른다. 김현경은 『사람, 장소, 환대』에서 "제도가 사람을 모욕할 때 그것은 모욕으로 인정되지 않는다"고 지적한다.[19] 회사가 고용 방침으로 직원을 모욕하고 사회가 복지 수급권 제도로 수급자를 모욕할 때, 당사자는 이를 모욕이 아닌 굴욕감으로 받아들인다. 즉, 전적으로 능력이 부족하고 가난한 자신의 책임 문제로 받아들이는 것이다.

이제 다시 한번 질문해보자. 우리가 처한 현실이 이러할진대, 문화를 안줏거리 정도로만 생각하고 제도가 아니라며 부정하고 말 것인가? 문화는 '구체적인 상징들로 전해져 내려온 의미들'이라는 기어츠의 말을 따르면, 콜센터 상담사 여고생의 주검과 송파 세 모녀의 주검이 상징하는 모든 의미가 바로 한국 사회의 '문화'다.

피로는 한국의 풍토병 같다

2년 만에 서울에서 지하철을 타니 한 광고가 눈에 띄었다. "고함량 비타민이 지친 당신에게 활력을!" 나열된 효과는 이러했다. "피로 회복, 체력 저하, 눈의 피로, 건조감, 성장기 비타민D · 칼슘 · 아연 보급, 구내염, 어깨 결림." 광고의 핵심은 "집중력이 실력이다"였다.

여러분은 어떤 효과가 가장 눈에 띄는가? 대부분 피로 회복, 활력 등이 눈에 띌 것이라 생각한다. 마법의 알약인 양 소량의 비타민이 몸에 흡수되어 일순간에 몸을 정화해줄 것을 기대하는지 모르겠다. 하지만, 유독 내 시선을 끈 것은 마지막에 언급된 '어깨 결림'이었다. '정말 효과가 있을까'부터 '왜 제일 마지막에 이것을 언급했을까?'까지 여러 의문이 들었다. 그만큼 흔하다는 의미일 수도 있고, 집중이 필요한 일이 어깨 결림을 동반하는 경우가 많다는 의미일지도 모르겠다. 물론 그저 구색을 갖추기 위해 광고 카피에 넣은 것은 아닐까라는 생각도 들었다. 복잡한 머리를 뒤로하고 지하철에서 내리니 출입구 통로가 각종 '통증' 클리닉 광고로 도배되어 있었다. 그 순간 피로와 통증이 한국의 풍토병이 아닌지 의문이 들었다.

어깨 결림에 대한 또 다른 예다. 이번에는 광고가 아니라 질병 유병률 표다. 콜센터 상담사 연구를 하면서 한 콜센터의 질병 유병률 표를 보았다. 두통과 안구 건조 90퍼센트, 어깨 결림 88퍼센트, 불면증 혹은 수면 장애 59퍼센트, 우울 경험 혹은 불안 장애 60퍼센트, 흡연율 19퍼센트였다.[1]

이 중에서 여러분의 시선을 끄는 항목은 무엇인가? 한국 사회에서 감정 노동 논의가 2010년 전후로 활발하게 이루어진 이래 콜센터 상담사는 대표적 사례로 자주 언급되었으니,[2] 상담사의 우울 경험 혹은 불안 장애가 먼저 눈에 들어올지 모르겠다. 흡연을 연구해오던 내게 가장 눈에 띄는 것은 당연히 흡연율이었다. 그런데 거의 90퍼센트에 육박하는 어깨 결림은 어떠한가? 여러

넷. 노동의 아픔

분의 시선을 *끄는가*? 아니면 너무 흔해서, 그리고 다른 질병에 비해 쉽게 치료가 가능할 거라 예상해서 무심코 넘어가지는 않았나?

고백하지만, 나는 그랬다. '당연히 어깨가 결리겠지, 그렇게 앉아서 타이핑하는데'라고 대수롭지 않게 생각하고 넘어갔다. 2015년 인터뷰했던 콜센터 상담사들도 인식은 크게 다르지 않았다. 어깨 결림과 손목 통증은 상담사에게는 기본이라고 했다. 어느 상담사는 "일종의 의무죠!"라고까지 했다. 아픈 게 의무라니. 콜센터에서는 어깨 결림은 풍토병이라 불러도 어색하지 않은 듯했다.

너무 흔해 당연해진 어깨 결림

어깨 결림에 대한 내 인식은 찰나의 의구심 정도였다. 그런데 어느 기사를 보는 순간 어깨 통증은 '사적 통증private pain'에서 '공적 통증public pain'으로 급속히 전환되었다. 내가 굳이 알 필요 없는 누군가의 개인적인 통증이 아니라 사회적이고 공적인 사건으로 받아들여야 하는 '공적인' 것이었다.[3] 그 기사의 주인공은 네팔에서 온 청년 이주노동자 카필(가명)이었다.[4] 그는 2017년 6월 14일 건조 중이던 선박 도장 작업 중 8미터 아래로 추락해 사망했다.

카필은 원래 조선소 '파워공'이었다. 파워공은 구조물의 용접 부위나 평평하지 않은 부위를 그라인더로 깎는 일을 한다. 이 작업은 그라인더의 심한 진동 때문에 팔과 어깨에 큰 무리가 간다고 한다. 주위 사람들의 말에 의하면, 카필은 고강도 장시간 노동으로 항상 어깨와 허리의 통증을 호소했다고 한다. 카필은 어깨 통증이 지속되자 더는 파워공 일을 할 수 없게 되었고, 다른 업무로 보직 변경을 신청했다고 한다. 그렇게 해서 맡은 일이 도장 작업이었다. 여전히 불편한 어깨로 낯선 업무, 게다가 2인 1조 규칙이 지켜지지 않은 채 홀로 작업하다 추락사한 것이다.

카필이 어깨 통증을 '공적' 영역으로 드러내지 못하고 홀로 감내한 데에는 2가지 '제도적' 원인이 있다. 첫 번째는 안전한 회사로 이직하고 싶어도 사장의 허락이 없이는 벗어날 수 없는 현실적 제약이며(고용허가제), 두 번째는 산업재해를 신청해서 치료받으려 하는 순간 회사의 눈 밖에 나 해고되고 미등록자가 되어 추방될 위험에 처한다는 점이다.

아마도 카필은 앞서 언급한 종합비타민제나 파스 등에 기대며 기적처럼 어깨의 통증이 사라지기를 바랐을지도 모른다. 카필의 사례가 보여주듯 한국 사회는 고통을 초래social production of suffering 할 뿐만 아니라 그 고통을 받아들이고 경험하는 방식에도 영향

넷. 노동의 아픔

social construction of suffering을 준다. 이러한 몸의 '통증'에 대해 대표적인 인류학적 견해를 살펴보려 한다.

옳지 못한 통증과 정당한 통증

지금부터 소개하고자 하는 통증의 사례는 '통증과 저항'에 대한 미국 인류학자 아서 클라인먼의 논의다.[5] 그는 다음과 같은 3가지 사례로 개인이 경험하는 통증의 의미를 추적했다. 첫 번째 통증으로 위신이 추락한 사례, 두 번째는 통증 때문에 추락한 위신을 통증으로 되찾은 사례, 세 번째는 통증(호소)을 통해 저항한 사례다.

첫 번째 사례는 30대 초반의 미국인 생화학 연구자 스텔라다. 그녀는 교통사고 이후 약 7년 동안 심한 통증으로 고생했다. 사고 이후 4년간 수술과 재활을 반복했지만, 통증은 여전했고 참기 어려울 만큼 고통스러웠다. 고문을 당하는 듯한 통증이 지속되어 스텔라는 매우 예민해졌고, 그녀를 진료한 의사들은 모두 그녀를 만성 스트레스와 분노로 가득 찬 골치 아픈 환자로 여겼다. 스텔라로서도 의사들이 통증 해소에 아무런 도움이 되지 않고, 오히려 통증의 원인을 그녀의 심리 상태와 연결하니 좋은 이미지로 남지 않았다.

이 경험은 연구자로서 그녀의 경력에 큰 오점을 남겼고, 동료와의 경쟁에서 뒤처지게 했다. 통증에서 오는 실질적 괴로움에 덧붙여 장래가 촉망되던 연구자의 삶이 망가져가는 모습을 바라보며 그녀는 자괴감의 늪에 빠져들었다. 오랜 통증은 그녀에게서 미국 중상층이 누리는 학문적 성취감과 전문가로서 화려한 경력을 빼앗아가 버렸다. 그녀가 속한 세계에서 발전은 당연한 것이었고 의지, 경쟁, 능력은 개인이 가져야 할 필수 요소였다. 이러한 가치관 속에서 그녀가 통증으로 인해 가장 두려워한 것은 '위신의 추락falling from grace'이었다. 사회적으로 성공하지 못하고 경제적으로 보상받지 못한다는 사실, 말하자면 '세속적 구원'을 받지 못한다는 현실은 그녀에게 매우 '부끄러운 도덕적 약점 shameful moral weakness'으로 받아들여졌다. 이것만큼 그녀의 자존감을 무너트리는 것은 없었다.

클라인먼은 스텔라의 사례를 통해 통증이 미국 사회에서 '문화적 위신 추락의 아이콘icon of cultural delegitimation'이라고 일컬었다. 즉, 통증으로 힘들어하며 살아간다는 것은 끊임없이 경쟁하고 능력을 키우며 의지를 불사르는 것이 선한(혹은 너무나 당연한) 가치로 인정받는 미국에서는 큰 약점으로 여겨졌다.

두 번째 사례는 통증 때문에 추락한 위신을 통증으로 되찾은 경우다. 주인공은 30대 초반의 가난한 아일랜드 출신의 미국인

넷. 노동의 아픔

주부 메리다. 메리는 5년 동안 극심한 편두통으로 일상생활이 어려울 정도로 고통 받았다. 메리의 편두통은 가족력, 고도비만 외에도 우울증과 분노조절장애 등이 큰 원인이었다.

메리는 두통이 시작된 것이 남편이 술에 중독되면서 폭언과 폭력을 행사한 때부터라고 이야기한다. 남편이 경제적 능력을 상실하자 의료보험도 없어지고 결국 메리의 어머니 집에 얹혀살 게 되었다. 그녀가 가장 두려워했던 것은 남편이 다섯 살 된 딸 까지 폭행할지 모른다는 점이었다. 그녀가 어렸을 때 어머니에 게 폭력을 당했던 것처럼 말이다.

메리의 어머니는 10대 때 메리를 임신했고, 메리를 출산한 이 후 그녀를 자신의 어머니에게 맡기고 술에 빠져 홀로 살았다. 그 러던 중 메리가 여섯 살이 되던 해 갑자기 찾아와 메리를 데리고 갔다. 어린 메리는 친어머니의 불안정한 삶과 폭력 앞에 증오만 쌓였다. 그런데 그렇게 증오해 마지않던 어머니에게 알코올중독 남편의 무능력 때문에 '구걸해야' 한다는 것은 참을 수 없는 모 욕이었다. 메리의 어머니는 이러한 상황을 즐기며 메리를 하인 부리듯 대했다. 그래도 메리는 저항할 수 없었다.

이때부터 극심한 편두통이 발생했다. 두통은 점차 더 심각해 졌고, 결국 생계를 위해 하던 일도 그만두고 집안일도 할 수 없 는 수준에 도달했다. 통증은 그녀를 아무것도 할 수 없는 무능력

자로 추락시켜버렸다. 그런데 상황이 변하기 시작했다. 두통의 발단이 되었던 남편과 어머니가 그녀의 고통에 동정심을 갖기 시작했다는 점이다. 메리에게 두통은 그녀가 처한 현실적 고통의 결과물인 동시에 일종의 해결책이 된 셈이다. 말하자면 통증이 남편의 무책임함과 어머니의 잔인한 처사에 저항하는 수단이 된 것이다.

세 번째 사례는 중국을 배경으로 한다. 정신과 의사이기도 한 클라인먼은 중국에 연구차 방문했을 때 신경쇠약neurasthenia 증상(신체적 쇠약, 피로, 권태, 두통, 어지러움, 위장 관련 증세 등)을 호소하는 중국인들을 경험했다. 특히 문화혁명 때 겪은 상실에 대해, 신경쇠약을 이유로 공산당에 혜택을 얻어내는 사례들을 접했다.

이번 사례의 주인공은 후앙이라는 남성이다.[6] 20대 후반의 시골 노동자 후앙은 만성 신경증적 우울증으로 진단 받았다. 후앙은 자신의 두통과 어지럼증이 문화혁명 시기에 겪은 트라우마 때문이라고 이해했다. 10대 초반에 학교에서 마오쩌둥 반대 시위물을 발견한 후앙은 친구를 통해 학교에 신고했는데, 오히려 시위물을 만든 사람으로 지목받았다. 중국 공안의 협박에 후앙은 그만 자신이 했다고 거짓 자백을 하게 되었고, 이 사건은 커다란 트라우마로 남았다. 후앙은 공포심에 짓눌려 온몸이 얼어붙어 아무 말도 하지 못한 자신을 원망했다. 결국 사람들의 시선

넷. 노동의 아픔

을 피해 살던 마을을 떠나 먼 시골로 들어가 살았고, 가난한 농촌 출신이라는 경력은 후앙이 나중에 지역 공산당에 소속되는 데 이득이 되었다. 즉, 문화혁명 당시 마녀사냥식 추궁에 희생양이 되었던 후앙은 그로 인해 나중에 중요한 직책을 맡을 수 있게 된 것이었다.

후앙은 어릴 적 과거를 숨기기 위해 노력했다. 그 결과 신경쇠약은 점점 더 악화되었다. 물론 후앙은 자신의 비겁했던 과거의 모습에 괴로워하고 그로 인해 신경쇠약이 악화되었지만, 이를 자신의 부족함 탓으로만 생각하지는 않았다. 후앙은 문화혁명을 중국 사회의 문화적 위신이 땅에 떨어진 시기cultural delegitimation로 보았고, 그러한 현실 속에서 부당한 처우를 받았다고 보았다.

클라인먼이 소개한 3가지 통증의 인류학적 사례는 직장 동료와의 경쟁에서, 가족 간의 관계에서, 지역 주민과 사회 구성원과의 관계에서 '통증'이 어떻게 이용되고 경험되는지 구체적으로 보여준다. 클라인먼이 이 사례들을 통해 강조하고자 한 바는 다음과 같다. 통증은 내 몸에 있지만, 타인과의 관계 속에서 의미를 갖고, 그 의미란 나와 타인과 공유하는 당대의 도덕적 가치에 기반한다는 사실이다. 통증으로 신임을 잃고, 혹은 반대로 잃었던 신임을 되찾기도 한다.

통증의 경계성

처음에 소개했던 한국의 어깨 통증을 대입해보자. 콜센터 상담사에게 '의무'처럼 받아들여지는 어깨 통증을 가지고 한 여성 상담사가 항상 불평불만을 늘어놓았다고 가정해보자. 과연 그녀는 콜센터 안에서 팀장이나 주변 동료들에게 신임을 얻을 수 있을까? 또 다른 예로 네팔의 이주노동자 카필이 조선소에서 파워공으로 일하면서 어깨 통증을 한국인 관리자와 동료에게 지속적으로 호소했더라면 상황은 어떻게 달라졌을까? 앞의 두 경우 모두 긍정적인 대답을 하기 머뭇거려진다. 그 머뭇거림만큼 한국의 도덕적 가치관은 통증을 인내하고 개인적으로 해결하는 것을 '선'으로 받아들이는 것일지도 모른다.

여기서 추가로 생각해볼 것이 있다. 클라인먼은 자세히 언급하지 않았지만, 통증을 호소하는 이들이 겪는 일상에서의 당혹감과 모욕감은 통증을 호소하는 사람에 대한 불신 혹은 의구심뿐만 아니라 그 사람이 호소하는 통증 자체에 대한 불신과 의구심도 한몫한다고 보아야 한다.[7] 즉, 개인의 위신이 떨어질 뿐만 아니라, 그 통증 자체의 위신이 떨어질 수도 있다. 객관적으로 증명하기 어려운, 통증의 주관적 특성 때문이다. 인류학자 진 잭슨 Jean E. Jackson은 이를 '통증의 경계성 liminality of pain'이라 표현했다.

잭슨은 이러한 통증의 특성이 통증을 호소하는 사람에게 낙인찍기를 유발한다고 보았다.[8] 쉬운 예로, 통증을 너무 자주 심하게 호소하면 '엄살 아닐까?', '무언가 얻어내려는 수작이 아닐까?' 같은 의심의 눈초리를 받을 수 있다. 그런데 이 둘은 서로 동떨어진 것은 아니다.

프랑스 철학자 조르주 캉기엠Georges Canguilhem은 의학적으로 '정상'이라 함은 '사회적으로 규범적socially normative'이며, 동시에 '생물학적으로 정상biologically normal'이어야만 한다고 주장한다. 즉, 의학적 정상normal은 규범norm의 기준까지 포함한 것이다.[9] 이를 적용하면, 통증에도 도덕적으로 옳은 통증이 있고 옳지 않은 것이 있다. 사회에서 인정받고 신뢰를 얻은 통증만이 의사에게 병으로 인정받고 치료 혜택을 누릴 수 있다.

앞서 소개한 세 경우의 통증 모두 해당 사회 속에서 도덕적으로 옳은 사례로 보기에 어려움이 있었다. 여기에는 통증의 '주인'이 누구냐는 것이 중요한 판단 기준으로 작동한다. 클라인먼이 자신의 통증 경험을 저항의 수단으로 사용하는 것에 주목한 것도 바로 이러한 이유에서다. 어떤 부류 혹은 계층의 사람에게는 아픈 것도 힘든데 그것이 저항의 수단이 된다. 이러한 해석이 더 크게 다가오는 것은, 아픈 것도 힘든데 그것을 수단으로 써야만 살아갈 수 있는 현실이 참혹해서다. 더 나아가 누군가는 (네팔 이주노동자 카펠처럼) 자신의 통증을 저항은커녕 입 밖으로 꺼낼 수조차 없을 때가 있다.

앞서 콜센터 상담사의 어깨 결림을 이야기했다. 1년 6개월 동안 콜센터 여성 상담사들을 만나며 들은 사례 중에는 단순 근육통보다 훨씬 많은 '옳지 못한' 아픔 사례가 있었다. 문자로 고객을 상담하던 상담사가 갑자기 코피가 심하게 났다. 그런데 그 상담사는 코를 휴지로 간신히 틀어막고 고개를 들고 힘들게 타이핑을 계속하고 있었다. 지나가던 동료가 잠깐 팀장에게 말하고 코피를 멈추고 오라고 했지만, 상담사는 "그러면 안 돼"라고 짧게 답했다. 다른 상담사는 토요일 근무를 위해 출근하던 중 복통이 너무 심해 병원에 가야 할 것 같아 팀장에게 연락해 상황을 설명했다. 되돌아온 답변은 이랬다. "징징대지 말고 나와. 오늘 상담원도 얼마 없어서 나와야 한다." 결국 그녀는 출근했다.

또 다른 상담사는 한창 신종 플루가 유행할 때 신종 플루에 걸렸다. 전염력도 걱정되고 몸 상태도 나빠서 집에서 쉬려고 팀장에게 연락했다. 돌아온 답변, 아니 질문은 이랬다. "나와서 근무할 수 있겠어?" 결국 그녀 역시 출근해서 콜을 받았다. 이 세 경우는 조금씩 다른 질병이었지만 공통점이 있다. 그녀들이 호소한 아픔은 모두 '적절한' 것으로 받아들여지지 않았다. 이러한 질병을 이유로 상담사가 휴식을 요구하는 것은 '옳지 못한' 태도였다. 휴식을 지속적으로 요구할 경우 그 상담사의 위신은 바닥까지 추락할 것이다. 나약하고 프로 정신이 부족하다는 낙인과 함께 말이다.

탈정치화된 통증

한국이 아닌 곳으로 눈을 돌려보자. 인도의 콜센터 산업은 세계적으로 가장 큰 규모를 자랑한다. 한때 영국 식민지였기 때문에 영어를 원어민처럼 구사하는 노동자가 많기 때문이다. 영어권의 다국적 회사들이 인건비가 저렴한 인도에 고객센터를 세우고 영어에 능숙한 젊은 인도인들을 고용한다. 대학교에 다니는 인도 여성 중에는 낮에는 학교에서 공부하고 야간에는 콜센터에서 일하며 학비를 버는 경우가 많다고 한다. 이들에게 콜센터는 '냉방 시설이 완비된 대학교air-conditioned college'로 여겨진다.[10]

문제는 업무가 야간에 이루어지며, 고객은 대부분 인도식 발음을 싫어하는 미국인 혹은 영국인이라는 점이다. 상담사 일은 체력적으로도 힘들고, 인종차별적 발언과 폭언 등으로 정신적으로도 힘들다. 그런데도 금전적 보상이 있기에 젊은 인도 여성들은 어려움을 견디며 콜센터에서 근무한다. 콜센터가 주로 외국계 기업이기에 상담사 근무 경력이 나중에 다른 직종으로 이직

할 때 훌륭한 경력이 된다는 장점도 이득이다. 콜센터에서 근무하는 인도 대학생들은 개인적인 전략으로 힘든 상황을 견뎌나간다. 여기에는 폭식, 음주 파티, 담배, 약물(마약성 진통제, 대마초 등) 등이 포함된다.

인도의 콜센터 산업을 연구한 미국의 사회학자 셰자드 나딤 Shehzad Nadeem은 인도 상담사들이 이러한 개인적 전략 속에서 '정치적으로 무능력'해진다고 지적한다. 즉, 부당한 회사의 처우에 집단으로 저항하기보다 당장 자극적인 해결책에 의존해서 순간순간을 넘어간다고 보았다.[11] 미국 인류학자 메릴 싱어 Merrill Singer는 이렇게 음식, 술, 담배 등에 의존해서 힘든 직업을 유지하는 것을 '탈정치화'된다고 표현했다.[12]

나딤과 싱어의 지적은 주목할 만하다. 앞서 노동자의 통증이 제대로 인정받지 못하는 현실을 이야기했다. 이는 통증을 개인적으로 해결하는 것이 선호된다는 말이다. 이러한 현실은 노동자의 집단적인 저항을 해체한다. 집단이 아니라 철저히 개개인의 노동자로 분리되고, 그 속에서 해결책을 찾도록 관리되는 현실이다. 이를 달리 표현하면, 노동자의 통증이 '탈정치화'되고 있다고 해석할 수 있다.

마지막으로 생각해본다. 어깨 결림에 대한 기사나 광고를 보면서 문득 눈길을 끈 약물이 있었다. 박카스. 1963년에 출시된

최장수 피로 회복제다. 지금도 사업장이나 공장에 찾아갈 때 단골 선물로 선택하는 박카스. 이 물건이 상징하는 의미는 무엇일까? 1970년대 박카스의 광고 문구는 이랬다. "자신의 일에 최선을 다하는 새 한국인, 소중한 땀의 현장에는 박카스가 있습니다." 박카스는 땀의 소중함을 강조하는 듯하다. 그런데 내게는 이 땀의 소중함이 오늘날 (회사를 위한) '근로'를 강조하는 것이지 (노동자 개인을 위한) '노동'의 가치를 강조하는 것으로 들리지 않는다. 고단한 노동의 위문품일 뿐이다. 내게 박카스는 한국 사회에서 옳지 못한 통증, 탈정치화된 통증이 존재한다는 것을 상징적으로 보여주는 '구체적' 증거였다. 땀의 가치에 합당한 월급을 주고 정당한 대우를 해주었다면, 박카스 같은 것은 애초에 필요 없었을지 모른다.

삼겹살과 이주노동자

한동안 영국에서 지내다가 한국으로 돌아오면서 가장 먼저 계획한 것은 '무엇부터 먹을지'였다. 가장 높은 순위에 있는 음식 중 하나는 '삼겹살 구이'였다. 잘 구운 삼겹살에 매운 고추 한 조각을 올리고 크게 상추쌈을 만들어 우걱우걱 먹는 장면을 수도 없이 그려보았다. 그리고 후식으로 싱싱한 방울토마토나 딸기를 먹는 상상을 했다. 마음껏 먹은 후 편안한 자세로 여유롭게 인류학책을 읽는 호사도 꿈꾸어보았다.

귀국 후 3개월 동안 상상했던 일을 기회가 있을 때마다 실천

했다. 그리고 인류학책을 읽었다. 그러던 중 미국 인류학자이자 의사인 세스 홈스Seth Holmes가 쓴 『Fresh Fruit, Broken Bodies』라는 책을 접했다. 멕시코 이주노동자가 미국의 과일 농장에서 겪는 고된 노동과 손상된 몸에 대한 기록이었다. 저자는 미국인이 즐기는 신선한 과일이 참혹한 노동의 대가로 생산된다는 사실을 낱낱이 보여준다.[1] 그런데 이것이 미국에만 국한된 일이 아님을 곧 깨닫게 되었다. 내가 그렇게 먹고 싶었던 삼겹살, 채소와 과일 대부분이 한국 농촌 이주노동자들의 저임금 장시간 노동의 결실이었다. 그리고 그 노동의 대가로 젊은 목숨이 먼 이국땅에서 허망하게 사라진다는 현실과 마주하게 되었다. 이제는 삼겹살이 예전처럼 고소하지 않다.

한 뉴스를 보았다. 정확히는 김여란 기자가 진행하는 스토리펀딩 『돼지 똥물에서 죽은 동생을 위하여』(1~10화)를 읽었다.[2] 10화에 걸쳐 약 2개월간 연재된 글을 뒤늦게 읽어 내려가며 한국인의 '밥상'이 다르게 보이기 시작했다. 그리고 가슴이 쓰라렸다. 어떻게 돼지 분뇨에서 나온 황화수소 가스에 중독되어 젊은 네팔 청년 2명이 질식사할 수 있다는 말인가? 2017년 6월 조선소 선박 도장 작업 중 네팔 청년 카필이 8미터 높이에서 추락사한 소식을 전해 들었을 때만 해도 제조업 분야의 위험천만한 노동 현장을 '상상'이라도 할 수 있었다. 한 발짝만 헛디뎌도 떨어질 것 같은 아찔한 높이의 선반이 눈앞에 그려졌다. 하지만 돼지 분변을 치우다 사망한다는 것은 도저히 상상이 가질 않았다. 실제 현장 사진을 보니 더욱 그랬다.[3] 어떻게 건장한 청년 2명이 이렇게 허무하게 생명을 잃을 수 있을까?

때마침 영국 유학 시절 알게 된 네팔 의료인류학자에게 메시지가 왔다. "관욱, 한국에 가면 네팔 이주노동자 건강 문제를 연구한다고 그랬는데, 뭐 진척된 게 있어?" 25세인 그의 사촌 동생은 2015년부터 한국 고추 농장에서 일하고 있었다. 나는 그에게 최근 들은 돼지 농장의 비극을 알려주었다. 곧 이어진 그의 대답을 듣고 나는 너무 미안해 말을 잇지 못했다. "관욱, 여기 네팔에서는 거의 매주 한국에서 그런 사망, 자살 소식을 듣는다고!"

사장들의 도덕은 법을 넘어설 이유가 없다

김여란 기자가 취재한 돼지 농장 사건의 전말은 이렇다. 경상북도 군위군 우보면에는 7,000여 마리 돼지를 키우는 농장이 있다. 이곳에 네팔 청년 9명이 머물며 일했다. 2017년 5월 12일, 작업반장인 테즈 바하두르 구룽(25세)은 차비 랄 차우다리(23세)와 함께 돼지 분뇨가 흐르는 2미터 깊이의 지하에 내려가 바가지로 똥물을 떠 올리는 작업을 하다 분뇨가 썩으면서 발생한 황화수소 가스에 중독되어 질식사했다.

사고가 발생하고 1개월여가 지난 6월 10일 테즈의 형 발 바하두르 구룽(29세)이 동생의 시신과 유품을 거두기 위해 한국에 왔다. 구룽은 대구 안동병원에서 동생의 시신을 확인하고 대구 성서병원에 나흘 동안 빈소를 차렸다. 그런 와중이던 6월 12일 구룽은 동생이 일하던 농장의 사장 부부를 만났다. 그는 사장 부부가 진심으로 사과한다고 생각했다. 테즈를 칭찬하는 말, 아들같이 생각했다는 말이 진심이라고 믿었다. 그들이 보름 뒤 변호사를 선임하기 전까지는 말이다.

사장 부부는 사건의 책임을 아무 말도 할 수 없는 테즈에게 전가하기 시작했다. 사장은 테즈가 신참인 차우다리의 군기를 잡기 위해 똥물 속으로 들어가게 시켰고, 그러다가 사고가 발생해서 둘 다 사망하게 되었다고 주장했다. 즉, 테즈가 잘못해 차우다리까지 죽었다는 이야기다.[4]

만일 사장의 주장대로 테즈 때문에 사건이 발생했다면 사장은 합의할 것도, 사과할 것도, 처벌받을 것도 없다. 현재 사장은 업무상 과실치사와 산업안전보건법 위반 혐의로 불구속 입건된 상태이며, 대구지방검찰청 의성 지청의 처벌을 기다리고 있다.

한국에 처음 온 구룽은 사장 부부의 급격한 태도 변화를 동생의 죽음만큼이나 이해하기 어려웠을 것이다. 그러나 한국에서 일해본 네팔 친구들은 모두 '한국 사장들'의 말과 행동이 다르다는 것을 알고 있었다. 그런데 이를 취재한 김여란 기자는 이와 다른 뼈아픈 지적을 한다. "사장들의 도덕은 법을 넘어설 이유가 없다."[5]

한국 사회는 산업재해에 매우 관대하다. 일단 산업재해로 실형을 받는 경우가 드물고, 벌금도 1,000~2,000만 원 수준이라고 한다. '법'과 그것의 '집행'이 이러할진대 사장 측이 유족에게 안하무인으로 나오는 것도 당연할지 모르겠다. 구태여 비굴해지지 않아도 저렴하게 처리할 방법이 '법적으로' 보장되어 있기 때문이다. 평상시에도 법은 허술했다. 고용주가 사업장 안전 관리나 감독을 제대로 하지 않아도 평균 과태료가 500~600만 원 선이니, 적극적으로 안전 교육을 하거나 마스크 같은 장비 지급에 신경 쓸 동기부여가 부족한 셈이다.

한편, 노동자 2명의 사망 사고가 발생한 해당 농장은 곧바로 네팔 노동자 2명을 받았다. 사망 사고가 발생할 정도로 안전 관리에 문제가 있었는데도 아무 일 없다는 듯 또 다른 네팔 청년이 그곳에 왔다. 고용노동부는 이주노동자를 채용하는 사업장에 점수를 매겨서 순위에 따라 외국인 고용허가를 내준다. 그런데 사업장에서 최근 2년간 이주노동자 1명이 재해로 사망할 경우 감점은 겨우 1점에 그친다(2명 이상은 수에 상관없이 2점 감점). 폭언·폭행·성희롱(2점), 성폭행(5점), 임금 체불(3점)에 비해 턱 없이 낮은 점수다. 그에 반해 이주노동자의 고용 계약 기간을 채운 뒤 재고용하면 무려 22.4~30점이 부여된다.[6] 이 모든 구조적 장치가 '한국 사장들'의 말과 행동이 다르도록 허락해준다. 이는 이주노동자가 허망하게 목숨을 잃게 만든 '구조적 폭력structural violence'과 다르지 않다.[7]

한국 사회의 허술한 사업장 안전 관리 '구조'는 결국 충분히 피할 수 있던 사고를 예방하지 못했고 먼 이국땅에서 청춘을 저당 잡힌 채 꿈을 좇아온 이주노동자의 꿈과 숨을 박살내버렸다. 이는 명백히 '폭력'이다.

안타까운 것은 네팔의 상황도 다르지 않다는 것이었다. 작은아들 테즈 구룽의 시신을 정리하러 큰아들 발 구룽이 한국에 왔을 때 그의 부모님은 울면서 "그곳에서 돌아오지 말고 남아서 돈을 벌라고" 말했다.[8] 죽은 동생을 대신해 이제 큰아들이 네팔에 남아 있는 가족의 생계를 책임져야만 했다. 형 구룽 역시 그리할 생각이었다. 한국에는 안전한 직장이 없지만, 네팔에는 일할 직장 자체가 없다는 것이 네팔인들의 탄식이다. 수천 킬로미터 떨어진 네팔의 구조적 폭력을 피해 또 다른 구조적 폭력에 뛰어들고 있는 셈이다.

"한국어 잘하면 사장이 싫어해요"

2017년부터 한국 정부는 네팔 이주노동자를 기존 5,000명에서 1만 명으로 늘려서 선발하고 있다. 1만 명을 뽑는데 네팔에서는 약 7만 명이 응시한다고 한다. 네팔인이 많이 지원하고 그들을 많이 뽑는 데는 한국 사장들의 높은 네팔 노동자 선호도 한몫할 것이다. 김여란 기자는 한국 사장들이 가장 선호하는 노동자의 국적이 네팔이라고 이야기한다. 이유는 이렇다. "착하고, 성실하고, 말 잘 듣고."⁹ 순간 이런 생각이 들었다. 네팔인의 호감 가는 '민족성'이 겨우 한국이라는 나라에서 노동력을 착취당하기 위해 존재하는 것은 아니지 않는가! 내가 만난 네팔인 우다야 라이(민주노총 이주노동자 노동조합 위원장)는 이렇게 말한다. "(네팔에서) 보낼 땐 최고로 똑똑하고 건강한 사람들을 보내는데 나중에 돌아올 땐 모두 병신이 되어서 온다."

한국 사장들은 한국에서 아무도 하지 않는 더럽고 힘든 일을 하러 온 네팔 청년들이 얼마나 똑똑한 인재인지 모른다. 황화수소 가스에 죽은 테즈 역시 학교에서 1~2등을 놓치지 않던 수재였다. 내 네팔 친구의 조카도 비록 경기도 외곽 고추 농장에서 홀로 일하지만 25세의 나이에 4개 국어(인도어, 영어, 일본어, 한국어)에 능통하다. 그런데 외국인 노동자가 사업장에서 가장 많이

넷. 노동의 아픔

듣는 말은 "야, 이 새끼야"라고 한다.[10] 이주노동자는 말(한국어)을 모르니 그저 윽박질러 겁을 주고 명령에 순종시켜야 하는 동물처럼 취급당하는 셈이다. 하지만 네팔 청년들은 이미 간파하고 있다. "한국어 잘하면 사장이 싫어해요."[11] 네팔 청년이 한국 사장에게 순종적인 사람으로 비치는 것은 어떻게 보면 이들이 아무것도 몰라서가 아니라 너무 똑똑하고 너무 많이 알아서일지도 모른다.

상징적 폭력: 사회적 고통 당연시하기

홈스는 2003년부터 약 15개월간 멕시코 트리키Triqui 원주민들이 미국 워싱턴주 과일 농장에서 농장주에게 어떠한 취급을 받으며 노동하는지 현지 조사했다. 백인 농장주들은 트리키인이 키가 작아 허리를 굽혀 딸기를 따기 적합한 신체라고 여겼다. 단순한 신체 차이를 농장주는 "그들은 허리를 굽혀서 일하는 것을 좋아해like to work bent over"라고 받아들였다.[12]

하지만 홈스도 직접 경험했지만, 딸기 농장에서 허리를 굽히고 목표량에 맞춰서 하루 종일 일하고 나면 무릎, 엉덩이, 허리 관절이 너무 아프다. 트리키인들 역시 예외가 아니었다. 시간당 무조건 50파운드(약 23킬로그램)의 딸기를 잎을 제거한 채 따오는 것이 목표량이다. 그렇지 못하면 바로 해고되었다. 그래서 트리키인들은 온몸의 관절이 아파도 통증을 참고 쉼 없이 딸기를 따야 했다.

홈스는 미국에서 인종 사다리의 가장 밑바닥에 있는 트리키인들이 겪는 이런 고통을, 백인 농장주들은 그들의 신체적 특징을 근거로 '정당한' 것으로 받아들인다고 지적했다. 홈스는 이를 '사회적 고통 당연시하기naturalization of social suffering'라고 표현했다.[13] 그리고 프랑스 사회학자 피에르 부르디외Pierre Bourdieu의 표현을 빌려 상징적 폭력symbolic violence의 예로 여겼다.

부르디외의 정의를 따르면, 상징적 폭력이란 사회 구성원 사이에서 사회적 불평등을 당연한 것으로 만들고 더 나아가 이를 내재화하게 하는 것을 뜻한다. 홈스가 관찰한 딸기 농장에서 트리키인의 삶은 상징적 폭력의 대표적인 사례다. 이런 폭력적인 (구조적이면서도 상징적인) 노동력 착취를 통해서 신선한 과일이 미국인들의 식탁에 공급되고 있다.

홈스의 연구 사례를 읽으며 네팔 이주노동자의 삶을 생각해보았다. '한국 사장들'은 네팔인의 몸을 어떤 시선으로 볼까? 우리와 다른 그들의 몸을 돈을 적게 주고도 더럽고 힘든 일을 시켜도 되는 몸으로 상상하는 것은 아닐까? 일제강점기 군함도에서 조선인이 험한 노동의 현장에 던져진 것처럼 말이다. 원래 그런 일에 쓰이고 소모되도록 태어나고 자란 것처럼 여겨지는 몸들. 어떻게 보면 이제 네팔인은 단순히 착하고, 성실하고, 말 잘 듣는 노동자가 아닐지 모른다. 당연히 그래야만 하는 몸이며, 이를 거부할 땐 버려도 되는 몸이 되어버릴지도 모른다. 하지만 트리키인의 키는 미국인에게 신선한 과일을 값싸게 공급해주기 위해 작은 것이 아니다. 네팔인의 착하고 성실한 심성은 한국에서 값싼 노동력으로 착취당하기 위해 형성되고 유지된 것이 아니다. 하지만 돈의 논리 앞에서 이것이 자연의 섭리처럼 굳어지지 않을까 두려운 것이 현실이다.

황화수소 가스에 허망하게 사망한 동생을 모욕하며 돈의 논리를 앞세워 형 구룽을 쏘아보는 농장 사장 부인의 사진을 보는 순간 소름이 돋으며 분노와 함께 두려움이 밀려왔다.[14] 당당하게 다리를 꼬고 허리를 세워 앞에 앉은 구룽을 노려보는 듯한 자세. 구룽은 그녀 앞에서 제대로 시선을 마주치지 못하고 있었다. 네팔인의 몸에 배어 있는 겸손의 자세가 너무나도 쉽게 '을의 자세'로 전락했다. 아직 탐욕이라는 단어가 침투하지 않은, 그래서 인간에 대한 믿음이 남아 있는 네팔인의 몸의 문법이 한국 사회에서는 존중보다 멸시로 이어지는 듯했다. 피해자의 형제가 가해자의 부인 앞에서 죄인처럼 앉아 있는 장면은 홈스가 지적한 '사회적 고통 당연시하기'가 이미 뿌리내린 것이 아닌지 강한 의

구심마저 들게 했다. 이 같은 상황은 상징적이라 할지라도 충분히 '폭력적'이라 할 수 있다.

자살을 택한 이주노동자들

돼지 농장에서 안타깝게 죽은 네팔 이주노동자에 대한 이야기를 하기 위해 이주노동자 노동조합 위원장 라이를 만났다. 라이에게는 이 사망 사건도 큰 충격이었지만(그는 구룽이 한국에 빨리 들어올 수 있게 비자 발급을 받는 데 큰 역할을 했다), 연이어 발생하는 네팔 노동자의 자살 소식이 더 큰 아픔이었다. 고용허가제로 네팔 이주노동자가 한국에 들어오기 시작한 2007년부터 지금까지 전국에서 들려오는 자살 소식이 끊이지 않기 때문이다.

돼지 농장 사건과 달리 명확한 가해자가 없는 자살은 라이는 물론 주변 모두를 힘들게 했다. 2017년에 일어난 한 사건을 보자. 네팔 이주노동자 케서브 스레스터(27세)가 스스로 목숨을 끊었다. 그는 충청북도 충주의 한 공장에서 12시간 맞교대 근무를 하면서 불면증이 생겼다. 주간 근무로 옮겨도 증상이 계속되었다. 스레스터는 회사를 옮기거나 그게 어려우면 네팔에서 치료를 받고 올 수 있게 해달라고 요청했다. 이러한 요구가 모두 거부되자 안타깝게도 그는 목숨을 끊었다.

"다른 공장에 가고 싶어도 안 되고, 네팔 가서 치료를 받고 싶어도 안 되었습니다. 제 계좌에 320만 원이 있습니다. 이 돈은 제 아내와 여동생에게 주시기 바랍니다."[15]

스레스터가 남긴 유언은 고용허가제라는 구조의 폭력성을 여실히 보여준다. 그런데 라이는 이 글에서 내가 보지 못했던 2가지를 지적했다. 첫 번째로, 그는 네팔 이주노동자들이 한국의 사장과 고국의 가족에게 이중 압박을 받는다고 말했다. 라이는 한국에 가면 한 달에 300만 원을 번다는 소문이 네팔에 파다하다고 했다. 라이는 실제로는 30퍼센트 정도만이 매달 200만 원 이상을 벌고 70퍼센트는 최저 임금과 200만 원 사이의 월급을 받는다고 했다. 한국에서 일했던 네팔인들이 귀국해서 제대로 된 사실을 알리지 않은 탓도 있다. 네팔인들이 한국에서 고생했던 것을 사실대로 이야기하는 것을 꺼린다는 것이다. 여기에 한국의 이미지가 미디어를 통해 천국 같은 선진국으로 비치는 것도 한몫할 것이다. 상황이 이렇기에 큰 꿈을 가지고 300만 원가량의 큰돈을 투자해서 한국행을 택한 젊은 네팔인은 얼마 지나지 않아 급격히 좌절할 수밖에 없을지 모른다.

돼지 농장에서 분뇨를 치우다 사망한 테즈도 사귀던 여자 친구에게만 "일이 힘들다"고 고백했을 뿐 네팔의 가족들에게는

"일이 편하고 사장이 좋다"고만 말했다고 한다.[16] 네팔 가족들은 한국에서 자식이 큰돈을 벌고 있을 거라고 기대하고, 여기에 모든 가족의 생계와 희망이 걸려 있었을 것이다. 아무리 한국에서의 삶이 힘들고 고통스러워도 네팔 이주노동자에게는 쉽게 돌아갈 수 없는 이유가 있다. 스레스터가 남은 돈을 아내와 여동생에게 전해달라고 한 유서를 보면 이들 월급의 목적이 무엇인지 쉽게 알 수 있다. 라이는 좀더 거칠게 표현했다. 한국에서 누군가 자살하면, 네팔에서는 "천국에 가서 왜 자살을 하는가?"라며 비난 섞인 말을 할지도 모른다고 말이다. 한국에 대한 잘못된 정보와 인식에서 초래한 비극이지 않을까 싶다.

두 번째는 치료 문제다. 왜 스레스터는 네팔에 돌아가서 치료를 받고자 했을까? 나는 단순하게 지옥 같은 한국에서 벗어나 가족이 있는 고국에서 편하게 치료받기를 원했다고 생각했다. 그런데 라이는 다른 질문을 했다. "네팔 친구들에게 물었어요. 왜 모든 게 선진적이라고 생각하는 한국인데, 의사만은 믿지 못하고 네팔로 가려고 하는지 말이죠."

라이가 조사한 바로는 말이 안 통하는 게 가장 큰 이유라고 했다. 이와 함께 한국 의사들은 약도 별로 주지 않고 "그냥 참아라", "괜찮다"고 할 때가 많다는 것이었다. 약을 주더라도 네팔 약보다 효과가 좋지 않다고 믿는다고 했다.

네팔 이주노동자의 과반수가 한국의 의료가 자신에게 맞지 않는다고 여기는 것인데, 라이는 그것이 네팔 의사들의 과도한 약물 처방이 만든 폐해라고 보았다. 그는 현재 네팔 의사들이 커미션을 챙기기 위해 많은 약을 비싸게 처방한다고 지적했다(실제로 네팔에서는 이 문제를 폭로하기 위해 네팔 의사 고빈다 K. C.가 열한 번째 단식 투쟁을 하고 있다).[17]

한국 의사가 어떻게 네팔인들을 진료했기에, 그리고 네팔 의사들이 얼마나 약물을 남용했기에 타이레놀처럼 흔한 약조차 편견 없이 필요할 때, 필요한 곳에서 마음 놓고 먹지 못하는 것일까?[18] 아주 기본적인 해열제도 이런데 우울증, 불안증, 불면증 등 상담과 처방이 필요할 때엔 어떨지 암담하다.

살아남아서 노동하고 싶은 '사람'들

2017년 8월 20일 서울 종각역 보신각 앞에서는 전국 이주노동자 결의 대회가 열렸다. 구호는 "더 이상 죽이지 마라! 고용허가제 폐지하라!"였다. 대회에 참여했던 민주노총 이주노동자 노동조합 서울경기인천지부 박진우 사무차장은 이 구호가 단순한 구호에 그치지 않는다고 말했다. 그곳에 모인 이주노동자들은 진심으로 '죽고 싶지 않았기' 때문이다. 구호가 아니라 진심이었다. 그만큼 죽음은 이들의 일상에 깊이 침투해 있었다.

그럼 어떻게 해야 할까? 쉽지 않은 일이다. 네팔 이주노동자의 사례에서 본 것처럼 어떤 구조적 폭력과 상징적 폭력이 이들을 죽음으로 몰아가는 '고통'을 초래한 것인지 고민하고 분석해야 할까? 트리키인의 고통스러운 노동 현장을 고발한 홈스는 '사회적 고통 당연시하기'를 뒤집는 것, '고통을 당연하지 않은 것으로 만들기denaturalizing suffering'를 해법으로 제시했다. 홈스는 고통에 의미를 부여하지 말자고 강조한다.[19] 의미 부여가 오히려 고통을 받아들이고 당연시할 수 있다며, 고통이 존재하는 것 자체를 문제시해야 한다고 보았다. 맞다. 분석은 이제 필요 없을지 모른다. 고통받는 것을 선호하는 몸이란, 그래서 고통을 감내해야 하는 몸이란 이 세상 어디에도 존재하지 않는다. 고통이 당연한 몸은 존재하지 말아야 한다.

넷. 노동의 아픔

다섯.

중독의

아픔

2012년 중독포럼의 발표에 의하면 담배를 제외한 약물, 알코올, 도박, 인터넷 게임 등 4대 중독을 앓고 있을 것으로 추정되는 국민의 수가 330만 명이라고 하며, 그 사회경제적 비용은 총 105조 원에 달한다고 한다. 이것은 그 어떤 신체적, 정신적 질병 부담보다도 높은 수치다. 그러나 중독으로 인해 이미 신체적, 심리적, 경제적, 사회적 손해를 경험하고 있으면서도 많은 사람이 이를 실감하지 못한다고 한다.

치료의 대상이자 치유의 출발점

■

나는 담배꽁초가 있는 곳이라면 어디든 사진을 찍는다. 사진 속 담배꽁초들은 구로디지털단지역을 나와 길을 걷다가 어느 갈림길에서 우연히 목격한 배수구를 찍은 것이다. 배수구에는 다양한 꽁초들이 감옥살이를 하듯 네모난 구획 안에 구겨져 있다. 쓰레기들과 함께 남루하게 버려진 모습들이 어딘지 힘든 노동 끝에 망가진 부속품처럼 느껴져 한참을 들여다보았다. 내가 인류학 공부를 시작한 계기도 흡연이었다. 흡연만큼 비난을 받으면서 한편으론 각광을 받는 인간 행위가 있을까. 독극물이라는 담배 광고를 해도 여전히 사는 이도, 파는 이도 있는 이 모순투성이 담배. 삶 자체가 모순으로 가득한 아픔덩어리라면 담배가 사라진다 해도 일상적 중독이라 부를 수 있는 행위는 인간 세상에서 사라지지 않을지 모른다.

중독으로 인한 아픔은 얼핏 보면 앞서 다룬 이야기들과 비교해 '아픔'의 크기 측면에서 상대적으로 작아 보일지 모르겠다. 일상적 중독으로서 흡연 이야기, 치료용 마리화나의 허용 문제, 인터넷 중독 이야기 등 모두 특수한 상황인 것처럼 여겨질지 모른다. 그러나 조금만 주의 깊게 들여다보면 앞에서 다루었던 모든 아픔의 이야기 속에는 보이지 않는 일상의 중독이 깔려 있다. 삶의 고됨과 무료함은 무언가에 일시적으로라도 의존하고 빠져들지 않으면 견디기 어려울 수도 있기 때문이다. 그런 면에서, 모두들 자신의 미래를 태워 현재를 과거의 잿더미로 채우며 살고 있는 삶의 흡연자는 아닐는지. 일상의 중독이 너무 많아 이런 생각을 해본다. 일중독처럼 삶 자체가 중독이어서 금단증세를 유발하는 것은 아닌지. 그래서 되레 진짜 중독이 삶의 아픔을 치유하는 것은 아닌지 말이다. 여가, 의례, 치유는 그래서 중독과 뿌리를 같이 하는 듯싶다.

국가가 허락한 중독

이번에는 담배에 대한 이야기를 해보겠다. 인류학적 관심을 갖고 여러 주제를 연구하지만, 내게 흡연은 언제나 1순위 연구 주제다. 나는 매일 아침 출근길에 주스를 사려고 편의점에 들른다. 의료인류학자라는 직업상 계산대 앞에 서면 '오늘은 새로운 담배가 나온 게 없나?' 하고 화려한 담배 광고판을 유심히 지켜본다.

그러던 어느 날 화가 머리끝까지 치밀었다. 그것도 최근 들어 두 번이나 화가 치밀어 속으로 외쳤다. '요즘 한국이 안팎으로 아무리 혼란스럽다 하더라도 그 틈을 타 이건 해도 해도 너무한 거 아니냐!' 바로 KT&G가 최근 출시한 '디스 아프리카 골라' 담배와 '레종 프렌치 번' 담배였다. 이 광고들은 너무나 경악스러워서, 나를 분노하게 만들기 충분했다.

아프리카와 프랑스를 담배에 연결해 상업적으로 이용하다니 정말 어이가 없었다. 두 지역이 오랜 역사를 거쳐 형성한 유구한 문화적 · 상징적 이미지를 겨우 청년 흡연자를 유인하기 위해 사용하다니 너무한다 싶었다. 아프리카인과 프랑스인이 이 담배 광고를 본다면 어떤 생각이 들었을까? 경멸스럽다고 한들 변명의 여지가 없을 것 같다. 입장 바꿔 생각해보라. 프랑스에서 '핫 코리안 토바코Hot Korean Tobacco'라고 담배 이름을 붙이고 캐릭터로 이순신 장군을 사용한다고 말이다. 정말 있을 수 없는 일이 벌어진 것이다.

촛불 민주주의가 정권을 바꾸고 세상을 변화시키고 있을 때 KT&G는 꿋꿋이 자신의 길을 힘차게 달려가고 있었다. 담뱃값 인상으로 늘어난 수익에 표정 관리하면서 말이다. 그렇다면 누구의 잘못일까? 수조 원대의 세금 수입(2014년 7조 원에서 담뱃값 인상 후 2015년 10조 6,000억 원) 때문에 정부가 규제를 안 하는 것일까? 아니면 건강보다는 수익이 우선인 담배 회사의 전적인 잘못인가(KT&G 2016년 매출은 2조 9,681억 원으로 담뱃값 인상 전인 2014년 대비 8.2퍼센트 증가했다)?[1] 그것도 아니면 수익을 위해 담배 광고를 유치하는 편의점 본사와 가맹점의 잘못인가?[2]

확실한 것은 지극히 상업적인 담배 광고가 남녀노소가 24시간 드나드는 전국 방방곡곡 편의점에 전시되어 있고, 계산을 하기 위해서는 무조건 그 광고와 마주해야만 한다는 사실이다. 사회 곳곳에 신경 쓸 일이 많아서인지 한국은 담배 광고 문제에 너무나도 조용하다.

언제나 그랬듯 신제품을 바로 샀다. '디스 아프리카 골라' 담배의 덮개를 여니 특정 음료를 연상시키는 문양과 색감이 유쾌한 고릴라 그림과 함께 등장했다. 화려한 광고는 경고 그림과 문구를 무색하게 만들 정도다. 흡연자를 배려해서인지 담뱃갑을 여는 순간 경고 그림은 감쪽같이 사라진다.

2016년 12월 23일 담배 경고 그림 의무화(총면적의 30퍼센트, 경고 문구는 20퍼센트로 그림과 문구를 합치면 50퍼센트)가 시행되었다. 그런데 KT&G는 이를 역전시키려는 듯 시각을 자극하는 화려한 이미지를 활용해 디자인을 변경했고, 이제는 후각까지 공격하려고 빵 냄새, 유명 음료 맛 등 여러 가지 화학무기를 투입하고 있다.

흡연자도 건강할 권리가 있다

이제 담배 회사 말고 흡연자에 대해 말해보려 한다. 나는 보건 정책 전문가가 아니라 의료인류학자이기에 담배 규제보다는 실제 흡연자의 삶과 경험에 주목해왔다. 그래서인지 의사 중에(그것도 금연 관련 서적을 두 권이나 출간하고도) 흡연자의 입장을 존중하는 '특이한' 사람 취급을 당한다.

이런 경력을 쌓던 중 한 흡연자에게서 인상적인 말을 들었다. "흡연자도 건강한 삶을 추구할 권리가 있어요." 당시 나는 망치로 머리를 한 대 얻어맞은 듯했다. 어떻게 되었든지 흡연자를 금연에 이르도록 도와주는 것이 최선이라고 믿어왔다. 그런데 흡연자도 자신의 몸이 소중하고 건강한 삶을 원하는, 나와 다를 바 없는 사람이라는 사실을 배운 것이다.

흡연자의 경험을 존중하면서 그들이 원하는 '건강한 삶'에 대해 고민은 부족했던 셈이다. 여기서 '건강'이란 의학적 정의를 넘어선다. 내 짧은 연구 경험에 비추어보면 여기서 말하는 '건강'은 '당당한 몸'에 가깝다. 이와 관련해 연구 과정 중 만난, 흡연을 유지하면서 스스로 몸을 당당하게 지키는(유지하는) 사람 4명을 짧게 소개하고자 한다.

다섯. 중독의 아픔

우울증을 이기게 해준 담배

첫 번째 흡연자는 60대 초반의 김가람(가명) 할머니다. 할머니는 족부 골절로 입원했는데, 우울증과 뇌경색 병력이 있었다. 그러니 의료진은 병실을 이탈해 담배를 피우러 가는 할머니의 행위를 도저히 받아들일 수 없었다. 누구보다 안정이 필요했고 흡연이 기존의 질병(뇌경색)을 악화시킬 위험이 있었다. 그런데 친분을 쌓은 후 듣게 된 그녀의 흡연에 대한 신념은 확고했다.

"남편이 내가 하도 우울하고 힘들어하니까 피우라고 했지. 그때 우울증 때문에 약도 엄청 많이 먹었지. 의사분이 이거 남들이 먹으면 치사량이라고까지 했지. 그런데 상태가 안 좋으니까 남편이 오죽했으면 담배를 피우라고 했겠어. 그래서 피웠는데 심리적으로 가라앉았다고 해야 되나? 그때는 그게 약이었지. 심리적으로 압박받는데 누구한테 화를 낼 수도 없고, 그럴 때 담배를 피우면 피우자마자 주욱 하고 가라앉았지……담배, 참 맛있지. (함박웃음) 난 밥보다 담배가 맛있어. 아침에 일어나면 좀 움직이다가 찬물 한 잔 먹고 싱크대에서 커피 한 잔 타가지고 앞 베란다에 있는 흔들의자에 가서 담배 한 대랑 커피를 마시면 그 맛이 환상적이야. 하하하. 너무너무 맛있어."

김가람 할머니는 예전에 친구의 보증을 잘못 서주는 바람에 큰 빚을 지면서 우울증을 앓기 시작했고 이후 뇌경색까지 앓았다고 한다. 뇌경색으로 거동까지 불편해지니 우울증은 더욱 심해졌고, 복용하는 정신과 약은 '치사량'에 가까울 정도로 많아졌다고 한다. 집 안 집기까지 부수면서 몸에 상처를 입는 일이 벌어지자 보다 못한 남편이 "그럴 바에는 (옛날에 피워봤던) 담배나 다시 피워봐"라고 조언을 했다. 그렇게 시작하게 된 흡연은 이제 '약'보다 효과적이고 '밥'보다 맛있는 '환상' 그 자체가 되었다. 정신 질환자의 흡연율이 일반인에 비해 높다는 연구는 있지만,[3] 그녀의 담배 사랑은 의학적으로 설명하기에는 무리가 있다. 그렇지만, 현상을 '설명'하려는 의사로서가 아닌 '이해'를 우선시하는 인류학자로서는 충분히 이해할 수 있는 상황이다.

담배가 신체에 어떤 화학 작용을 일으켰는지는 모르지만, 분명히 그녀는 흡연 이후 우울증에서 벗어났고, 정신과 약을 최소량으로 유지하며 가족과 원만하게 생활하고 있었다. 그녀는 우울증에서 벗어나 아내로서, 어머니로서, 할머니로서 '당당'하고 싶었고 흡연은 매우 효과적인 '약'으로 작용했다. 그렇게 그녀는 자신의 건강을 찾았다. 그녀는 흡연과 건강에 대한 나의 의학적 통념을 완벽하게 무너트린 최초의 사례였다. 그녀의 담배는 '클라우드 9'이었다.

고된 작업을 버틸 수 있게 해주는 도구

두 번째 흡연자는 50세 초반의 당뇨 환자 이성철(가명)이다. 인슐린 주사를 사용할 정도로 심한 당뇨를 앓고 있는 이성철은 심한 음주로 급성췌장염이 생겨 입원한 상태였다. 그는 건설 현장 노동자로 생계를 유지하고 있었다. 그에게 담배는 '방향제'이자 휴식을 위한 '위장품'이며, 훌륭한 현장의 '노동 유연제working drug'였다.⁴

"현장 야외 화장실에 갈 때는 꼭 담배가 있어야 해요. 무슨 말인지 알죠? 하하하. 그리고 일하다가 그냥 서 있으면 노는 것 같지만, 담배 물면 업자가 봐도 '아 좀 쉬나 보다' 생각하니깐 좋죠! 하하하. 그리고 일하다 보면 잘하는 사람도 있지만, 못하는 사람도 있죠. 못하는 사람 있으면 스트레스 받죠. 골조 공사는 조금만 틀어져도 공사 망치니깐 골조 세울 때 신경 예민해지죠. 이럴 때 담배를 많이 피우죠. 하루에 30개비 정도 피우는데 일이 재미있으면 덜 피우고 스트레스 받으면 두 갑도 피워요. 담배는 계속 피워도 싫증이 안 나요. 담배는 배가 부르고 그런 게 아니잖아요. 하루 종일 물고 있으라면 물고 있을 수 있죠. 현장 근무 친구들과는 10년 넘게 같이 일했는데 다 담배 피워요."

이성철의 이야기는 건설 현장에서 육체노동을 하는 노동자에게 흡연이 주는 다양한 기능을 보여준다. 당뇨도 중증이고, 과도한 음주로 췌장에도 문제가 생겼으니 의학적으로는 금연이 필요하다. 하지만 그의 설명을 듣고 있자니 흡연이 충분히 이해된다. 건설 현장의 냄새 심한 야외 화장실, 인부들이 제대로 일하는지 감시하는 관리자들의 의심 가득한 시선, 신경이 예민해질 수밖에 없는 공사 과정, 이 모든 요소가 현장 근무자에게 담배를 "이제 와서 끊기 힘든" 필수품이 되도록 만들었다. 이성철의 "담배는 하루 종일 물고 있어도 싫증 나지 않는다"는 이야기는 "밥보다 담배가 좋다"던 김가람 할머니의 이야기와 닮았다. 현장에서 '당당하게' 일하는 몸으로 버틸 수 있게 해준 그의 담배는 저렴하고 독한 '한라산'이었다.

감정노동자의 방패

세 번째 흡연자는 30대 초반의 콜센터 인바운드inbound 상담사 송수정(가명)이다. 인바운드는 고객이 걸어온 전화를 받아서 상담하는 일이다. 고졸인 그녀는 부산에서 올라와 친구와 함께 방을 얻어서 생활하고 있다. 고졸 학력에 31세라는 적지 않은 나이 탓에 생계를 위해 '절박'한 심정으로 힘든 콜센터 상담사 일을 견뎌내고 있었다. 그녀에게 담배는 마치 전쟁터에서의 총알과도 같았다.

"여기는 근무 특성상 가려진 곳에서 혼자 전화를 받는다. 그래서 진짜 미친 고객이 마구 뭐라고 하면 '뭐, 어쩌라고' 하며 혼자 속으로 삭힌다. 그리고 나서 전화를 끊고 바로 흡연장으로 간다. 전에 고객 서비스팀에서 6개월간 근무한 적이 있다. 불만을 접수하는 파트인데 아침 8시부터 밤 11시까지 근무했다. 너무 스트레스가 많아서 하루에 한 갑씩 담배를 피웠다. 출근할 때 담배를 두 갑씩 사서 출근했다.……처음에 취직할 때는 (이 일을) 아무나 할 수 있겠지 생각했다. 그런데 들어와 보니 전혀 그렇지 않았다. 진짜 돈이 없어서 못 그만두는 거다. 그리고 인내심 없으면 못 버틴다. 사실 여기는 인내심이 있거나, 절박해야 남는다. 난 둘 다 있어서 남아 있다. 나이도 있고 해서. 31세인데 어딜 가는가?"

송수정은 감정노동이 심한 콜센터에서 근무하던 상담사다. 그녀의 이야기를 들으면 콜센터는 전쟁터고 담배는 그곳에서 자신을 방어하기 위한 무기처럼 느껴졌다. 고객의 불만을 직접적으로 접수해야 하는 곳에 근무할 때는 아예 충분한 양의 담배를 사가지고 출근했다.

그녀는 냄새나고 피부에도 좋지 않은 담배의 단점이 '수백 가지'가 넘는다고 말했다. 그렇지만 "이렇게 힘든 일을 하면서 담배도 못 피우게 하는 곳에 무엇 때문에 있는가?"라고 할 정도로 콜센터 업무에 담배는 필수불가결한 것이었다. 돈이 없어 힘들어도 그만두지 못한다는 그녀의 절박한 심정과 그 때문에는 '냄새가 나서' 불쾌한 담배를 화를 참기 위해 피운다는 이야기는 충분히 이해가 되었다. 그녀는 담배의 힘을 빌려 부모에게 의지하지 않고 힘들지만 '당당'하게 생계를 유지하고 있었다. 이런 그녀의 담배는 '레종'이었다.

나를 지키는 방법

네 번째 흡연자는 50대 여성 콜센터 아웃바운드outbound 상담사 최민진(가명)이다. 아웃바운드는 고객에게 먼저 전화를 걸어서 상품을 소개하는 일이다. 최민진은 대졸 학력에 콜센터에서 8년째 근무 중이다. 오랜 경력에 실적도 우수해 높은 인센티브를 받고 있지만, 그로 인해서 동료들에게 시기 섞인 비난을 듣고는 했다. 동료들의 비난은 업무에 대한 압박감보다 심했고, 결국 콜센터를 옮겼다. 이런 상황에서 흡연은 자신을 지키는 하나의 일상적 의례였다.

다섯. 중독의 아픔

"(이전 콜센터에서는) 화가 나면 팀장이 '나가서 흡연하고 오세요'라고 권해주고 술도 샀다. 그런데 지금 ○○카드에서는 이미지 메이킹을 위해서 근무 중 담배를 안 피운다. 사실 담배를 피운다고 스트레스가 해소되는 것은 아니다.……담배 피우는 것은 단순 휴식이다. 시간이 되면 그냥 피운다. 전에는 하루에 한 갑 피웠다. 지금은 반 갑 정도 피운다.……나는 모든 것을 시간에 맞춰서, 스케줄 맞춰 산다. 담배도 스케줄에 맞춰서 피우는 거다. 지금은 아침에 두 대 피고 근무 중에는 한 대도 안 피운다. 이게 2년째다. 이것이 내가 니코틴 중독이 아닌 이유다. 나는 내가 통제한다. 스케줄 속에 나를 통제했다. 사우나, 체육관을 정해진 시간에 다니듯. 이렇게 규칙적인 스케줄을 지키는 것이 나를 지키는 방법이다."

최민진은 니코틴 중독 때문에 담배를 피우는 것이 아니며 스트레스를 풀기 위해 피우는 것도 아니라고 말한다. 그녀에게 흡연은 자신을 지키기 위해 따라야 하는 일상의 여러 계획 중 하나일 뿐이다.

그녀는 업무 중에는 담배를 전혀 피우지 않고, 집으로 돌아오는 길에 항상 같은 장소에서 같은 시각에 담배를 피운다고 했다. 홀로 지내는 그녀는 이런 소소한 의례들을 철저히 지키고 통제함으로써 힘들고 외로운 콜센터 상담사 생활(그녀에게는 고객보다 동료가 힘든 상대였다)을 '당당히' 버텨내고 있었다. 그녀의 담배는 '에쎄'였다.

담배는 단순한 '기호' 식품이 아니다

우울증과 뇌경색을 앓은 김가람 할머니, 당뇨에 급성췌장염을 앓은 이성철, 담배 냄새가 너무 싫고 피부 질환이 잦은 송수정, 신경안정제를 복용하며 지내는 최민진까지 각기 다른 흡연자 네 사람을 간략히 소개해보았다.

의학적으로 보면 담배는 몸에 해로움을 가중시킬 뿐이다. 그렇지만 앞서 소개했던 대로 담배는 김가람 할머니에게 '약'이자 밥보다 맛있는 것이었으며, 이성철에게는 건설 현장에 없어서 안 되는 도구였고, 송수정에게도 콜센터 상담을 위한 중요한 노동 유연제였다. 최민진에게 담배는 일상을 버티게 해주는 세속적 의례의 일환이었다. 흡연한다는 것은 이들 각자의 삶 속에서 스스로 '당당'해지기 위한 노력의 일환이었고, 저마다 지켜내고자 하는 가치가 있었다. 그들 나름으로 '건강'한 삶을 이끌어가려고 고군분투하는 중이었다.

이들이 피우는 담배는 앞서 언급한 '골라 담배'나 '프렌치 번 담배' 같은 게 아니었다. 담배는 이들의 삶에서 단순히 '향'을 느

끼기 위한 기호 식품이 아니었다. 그렇기에 담배 회사의 농간에
도, 더 나아가 정부의 가격 상승을 통한 금연 정책에도 반응하지
않았을 것이다.

삶이 유발하는 금단증세

흡연자를 연구하면서 어이없는 신제품들을 보고 담배 회사의
탐욕스러움에 치를 떨 때가 있다. 한편으로 담배의 해로움을 쉽
게 무시하는 흡연자들을 보며 안타까워하기도 하다가 결국 이런
질문에 직면하게 된다. 과연 금연을 하지 못해 받는 모욕과 흡연
을 통해서라도 견뎌내려고 한 일상의 모욕 중 어떤 모욕이 더 견
뎌내기 힘든 것인가? 나라면 과연 어떤 모욕을 선택할 것인가?
결국 개인의 삶에서 지금 가장 중요한 가치가 무엇인지가 기준
이 될 것이다.

앞서 언급했듯이 미국의 의료인류학자 아서 클라인먼은 이를
가리켜 '도덕적 경험'이라 표현했다. 클라인먼은 개인의 모든 일
상적 경험이 어떤 가치value를 선택하기 위한 주변과의 지속적인
타협과 투쟁의 산물이라고 본다. 여기서 주변이란 가족과 친척,
친구, 직장, 처해 있는 여러 사회경제적 상황 등을 포괄한다.[5]

이런 차원에서 본다면 앞서 다룬 흡연자 4명의 삶에서 지켜내

야만 하는 가치란 의학적 사실(담배는 몸에 해롭다!)보다는 가족
(김가람)과 생계유지(이성철, 송수정, 최민진), 자존감(최민진)일 것
이다. 이렇게 개인의 삶을 '도덕적 경험'의 틀 속에서 이해하려
고 하면, 의사로서 '설명'할 수 없는 선택들도 충분히 '이해'할
수 있다.

여기서 가치의 문제를 개인의 삶을 넘어서 사회의 영역으로
확장해보면 '지역도덕관local moral world'을 언급할 수 있다. 해당 지
역의 상황에 따라 도덕적 가치의 기준이 다르다는 것을 의미한
다. 그렇다면 한국 사회에서 현대인의 삶에 중요한 도덕적 가치
는 무엇이고 흡연과 어떤 관련이 있을까? 나는 이것을 '삶이 유
발하는 금단증세life-induced withdrawal symptom'라 표현하고, 담배가 초
래하는 금단증세와 비교하려 한다. 이를 위해 먼저 조던 굿맨
Jordan Goodman의 『역사 속의 담배』에 소개된 1899년 『뉴욕타임스』
기사를 살펴보자.

"담배의 장점과 단점이 무엇이건 간에 한 가지는 분명하다. 즉, 우
리들은 이 최면성 효과에 점점 의존해가고 있다는 것이다. 담배의
정신 안정 작용은 우리들이 살고 있는 시대를 특징짓는 불안과 중
압감, 심신의 극심한 피로 등 건강에 나쁜 영향을 중화하기 위하여
필요하다."[6]

다섯. 중독의 아픔

이 기사가 발표된 당시는 흡연의 해로움이 의학적으로 제대로 밝혀지기 전이었다. 따라서 어떤 가치를 추구하기 위해 흡연했는지 이해하는 데 도움이 된다.

기사를 보면 20세기를 앞둔 미국에서 사람들의 건강을 해치는 것은 담배가 아니라 그 시대의 특징인 불안, 중압감, 심신의 극한 피로였다. 담배는 오히려 이런 요소를 중화시켜주는 이로운 것으로 받아들여졌다.

이 시대를 특징지었던 '불안과 중압감, 심신의 극심한 피로'는 오늘날 한국 사회에 그대로 대입해도 어색함이 없다. 성공과 경쟁에서 우위를 차지하기 위해, 좀더 노골적으로 직장에서 살아남기 위해, 혹은 생계를 유지하기 위해 항상 불안감과 중압감, 극심한 심신의 피로를 짊어지고 있지 않은가? 그러한 삶을 추구하는 것이 한국 사회에서 가치 있는 것으로 인정받고 있지 않은가? 그러지 못하면 '이기심'과 '불신'이 지역도덕관임을 부정하기 힘든 한국 사회에서 쉽게 모멸감을 느끼게 될지 모를 일이다.

나는 이런 특징적인 시대의 감정과 심신의 피로를 일종의 '삶이 초래한 금단증세'라 부르고자 한다. 개인이 안정되고 편안한 삶을 추구하지 못하게 하는 사회의 '결핍'이 불안함과 피로라는 금단증세를 유발하고, 이를 해결하기 위해 개인은 자신만의 해결책을 찾아야만 한다. 흡연은 이런 길목에서 만날 수 있는 선택지 중 하나라 할 수 있다. 신체에 해로운 흡연이 해결책이라는 것도 현대사회의 결핍 중 하나라 볼 수 있을지 모른다.

니코틴 중독은 개인의 문제인가

이런 측면에서, 나는 담배가 초래하는 금단증세보다 삶 자체가 초래한 금단증세에 집중한다. 그것은 역설적이게도 흡연자들의 삶을 통해 더 자세히 들여다볼 수 있다. 즉, 흡연자를 통해 담배의 해로움을 보는 것이 아니라 사회의 결핍이 무엇인지, 사회가 개인의 몸에 어떤 해를 끼치는지 관찰할 수 있다.

여러 해 동안 인터뷰를 진행하며 내가 경험한 것 중 하나는 흡연자들의 수치심이 증가했다는 사실이다. 미디어가 흡연의 해로움을 강조하고, 금연 정책은 흡연자를 자신의 건강을 돌보지 않는 나태한 자로 낙인찍으면서 수치심은 더욱 커졌다. 이런 현상은 오늘날 건강과 관련된 지역도덕관 차원에서 '건강주의healthism'라는 용어로 요약할 수 있다. 건강주의는 '의료화medicalization'의 일환으로 과거에는 의학적 문제가 아니었던 것들이 의학의 영역으로 넘어오면서, 의학적 기준에 맞는 '정상인'이 되기 위해 건강에 신경 쓰게 되는 현상을 일컫는다.[7]

여기에는 의료화와 상업주의에 발맞춘 약물 의존도 포함된다.

의료 전문 기자 레이 모이니핸Ray Moynihan과 앨런 커셀스Alan Cassels
는 『질병 판매학』에서 건강주의의 핵심을 잘 보여준다.

> "불쾌한 사람들의 감정과 문제성 있는 태도를 약물로 치료를 해야
> 하는 '질병'으로 정의하려는 경향이 증가하고 있으며 이는 첫째,
> 약 복용자가 겪는 고통의 진짜 원인에 대해 보다 본질적으로 접근
> 해야 한다는 중압감을 줄이며, 둘째, 복잡한 사회 문제들을 개인화
> 시키고 탈정치화 시킨다."[8]

건강주의의 핵심은 건강 문제를 철저히 개인의 책임으로 떠넘
긴다는 점이다. 즉, 개인의 건강이 복잡한 사회 · 경제 · 문화 ·
역사적 요인들이 복합적으로 작용한 결과임을 보지 못하게 하고
개인의 문제(유전 · 습관 · 부주의 · 우발적 사고 혹은 불행 등)로 국
한시킨다는 것이다. 이것은 결국 질병의 사회적 요인에 대한 집
단적 저항(정치적 행동)을 근본적으로 막는다.

이런 건강주의에 입각해볼 때, 앞서 이야기한 흡연자 4명은 앞
으로 점점 더 수치심에 노출될 여지가 많아질 것이다. 현재 상황
에서 자신에게 가장 중요한 가치를 추구하며 당당하게 살아가려
는 이들에게 흡연의 해로움에 대한 개인적 책임을 강조하는 것
은, 오히려 금연에 이르는 길을 멀게 만들지도 모른다. 한쪽에서

는 담배 회사가 화려한 담배 포장과 광고, 다양한 신제품 등으로 암암리에 개인의 선택 자유(겨우 소비에 대한 자유지만)를 끊임없이 부추기고 있을 텐데 말이다. 결국 삶은 더 많은 금단증세를 초래하는 쪽으로 흘러가고 있는 듯싶다.

담배의 정치학

영국에서 같은 지도 교수님 아래서 함께 공부한 프랜시스 틸웨이Frances Thirlway는 북동부 잉글랜드에 있는 옛 탄광 지역 사람들의 전자담배 사용을 연구했고, 그 연구는 내게 적지 않은 영향을 주었다.[9] 틸웨이는 전자담배를 사용하는 것이 '건강을 생각하지 않는다'는 가족의 비난에 맞서 자존감을 지키는 수단이 된다는 이야기를 들려주었다. 즉, 흡연의 가치를 완전히 포기하지 않으면서도 자신의 건강을 걱정하는 가족을 위해 전자담배를 선택할 수 있다는 것이다. 틸웨이는 전자담배 사용을 단순히 안정성 문제라는 프레임으로 논의하는 것에 의문을 제기했다.[10] 틸웨이는 의사들에게는 사소한 해로움의 감소가 흡연자에게는 자존감을 회복시켜주는 큰 힘이 될 수도 있고, 그것으로 전자담배를 피울 이유는 충분하다고 보았다.

호주의 유명한 보건학자 사이먼 채프먼Simon Chapman은 전자담배의 미래에 대한 최선과 최악의 시나리오를 발표한 적이 있다.[11] 최악의 시나리오에 등장하는 전자담배 흡연자는 전자담배가 상징하는 가치들인 우아함, 섹슈얼리티, 모더니티, 자유 등을 좇는다고 예측했다. 그런데 내 생각은 이와 사뭇 다르다. 나는 전자담배를 찾는 사람들이 채프먼이 예측한 가치보다 오히려 삶이 주는 금단증세(불안감·중압감·심신의 피로 등)를 극복하고 싶어 한다고 생각한다. 더 나아가 자신이 지켜야 할 가장 최우선적인 가치들(가족과의 관계 회복, 자존감 회복, 주변의 인정 등)을 위해 선택할 수도 있을 것이다. 그 결과 니코틴에 중독되어 채프먼이 말한 대로 충성스러운 전자담배 소비자가 될지언정 말이다.

몇 달 전 아버지가 전화해 전자담배를 하나 사달라고 하셨다. 암 수술을 하고도 다시 피우던 담배를, 그렇게 끊으라고 권유해도 듣지 않으시던 분이 먼저 전자담배를 요구하셨다. 들어보니 이유는 손자 손녀 때문이었다. 이제 와서 담배를 끊을 수는 없지만 아이들이 담배 냄새를 싫어하니 냄새라도 줄일 겸 시도하겠다는 것이었다. 몇 달 사용하더니 한결 나아진 몸을 자랑하신다. 자신의 가치를 버리지 않는 범위 내에서 나름의 노력을 하고 있다는 사실을 보여주자 어머니도, 아이들도, 자신도 만족해하신다. 그 많은 흡연자를 만나 인터뷰하고 담배 제품을 연구했어도 내 아버지조차 돕지 못한다는 자괴감이 나를 끊임없이 괴롭혔는

데, 이제는 마음이 한결 가볍다. 더 많은 사람이 화려한 담배 포
장지와 광고에 넘어가지 않고 자신만의 가치를 위해 최선의 선
택을 할 수 있기를 바란다.

중독 '논란, 속에
방치된 몸

'정치적 식물'이 되어버린 마리화나

식물이 정치적일 수 있을까? 우문愚問이다. 그렇다면 식물 자체에 정치적 성향이 있을 수 있을까? 혹은 대통령이 바뀐다고 식물의 성분이나 약리적 성격이 변할 수 있을까? 대답은 당연히 '아니다'다. 그런데 모든 것을 뒤집는 한마디가 있다. 바로 "논란의 여지가 있다"다.

미국 대통령이 트럼프로 바뀌면서 한 식물은 합법적인 약물에서 불법 단속의 대상으로 변했다. '논란의 여지'가 있기 때문이다. 상황은 이렇다. 최근까지 캘리포니아주에서 합법적으로 판매되던 마리화나marijuana(대마)는 2018년 1월부터 연방정부의 불법 단속 대상으로 지목되었다. 마리화나 합법화를 각 주의 자율에 맡긴 오바마 정부의 정책이 폐기되었기 때문이다.[1]

그사이 마리화나의 화학적 구조가 바뀐 것은 아니다. 바뀐 것은 행정과 정치를 다루는 사람들이다. 마리화나는 논란을 만들지 않았다. 어떤 사람들에게는, 어떤 지역에서는 아무 문제없던 것이, 지역이나 사람에 따라 화학적 작용이 급변하는 것은 아닐 테다. '논란'은 결국 '정치적' 영역에서 벌어지는 것이고, 고로 논란은 사람 사이의 문제다.

마약과 관련한 미국 '정치'의 역사는 영화에서 엿볼 수 있다. 흥미 위주의 영화에서는 '논란거리'를 단순 소재 정도로 가볍게 다루지만, 대중문화에 반영된 정치를 살펴보는 데는 도움이 된다. 가장 최근 영화는 〈킹스맨: 골든 서클〉이다. 전 세계에 각종 향정신성 약물을 공급하는 악당을 물리치는 이야기다. 약에 중독된 사람은 얼굴에 파란색 혈관이 나타나기 시작하고 이어서 미친 듯 웃고 춤춘다. 이후 갑자기 온몸이 마비되고 코피를 쏟으며 사망한다. 주인공은 중독 치료를 위한 백신을 확보하려 한다. 그런데 영화 속 '논란'은 바로 이 치료제를 중독자들에게 꼭 주어야 하는지였다.

영화 속 미국 대통령은 이렇게 말한다. "그 치료제를 구하려

악당에게 굴복하지 않으면, 첫째 테러 집단과 협상하지 않는다는 원칙을 고수한 인물로 평가받을 것이며, 둘째 이참에 손쉽게 마약중독자를 일망타진할 수 있다!" 대통령은 어떤 이유에서든, 일회성에 그치더라도 중독성 약물에 손을 댄 사람들은 구할 가치가 없다고 본다. 죽어도 그만이다. 그런데 그중에 대통령 직속 부하도 포함되었다. 그녀는 항변한다. "당신과 함께 쉬지 않고 과중한 업무를 수행하는데 어떻게 화학적 도움 없이 일할 수 있는가!" 물론 그녀의 주장은 '논란' 거리가 되지 못한 채 묵살되고 그녀는 감옥으로 끌려가 죽음을 기다리게 된다. 여기서 문제는 중독성 약물의 특징이 아니다. 중독성 약물에 손을 대는 사람들, 그리고 그들에 대한 시선이다. 누구를 살릴지, 죽게 내버려둘지 결정하는 경계선으로 약물이 선택된 것뿐이다.

유색인종에게만 감옥행 특급열차가 된 마약

다시 물어보자. 진보적인 식물(혹은 약물)이 존재하는가? 이 질문을 하는 것은 진보적인 사람은 중독성 약물에 관대하고, 보수적인 사람은 엄격하다고 말하려는 것이 아니다. 내가 주목하는 것은 식물(혹은 약물)을 빌미로 사람을 차별하려는 시도다. 어떠한 부류의 사람들을 범죄자로 낙인찍고 처벌하며, 어떠한 변명도 들어줄 필요 없는 비난의 대상으로 몰아세우는 것 말이다. 법을 어기면 처벌하고 감옥에 넣는 것은 당연한 처사일 수 있다. 그렇지만 사회학자 로익 바캉Loïc Wacquant은 처벌 대상자가 특정 집단에 집중된다면 그것은 당연한 것이 아닌 '정치적' 현상일 수 있다고 지적한다. 그는 『가난을 엄벌하다』라는 책에서 미국이 더 많은 흑인과 멕시코 이주민을 감옥에 보내고 있다는 사실에 주목한다.[2] 여기에 중독성 약물이 감옥행 특급열차로 이용되고 있다.

영국 작가 요한 하리Johann Hari는 미국에서 어떻게 중독성 약물로 유색인종을 백인과 분리되어야 할 범법자로 몰아세웠는지 『Chasing the Scream: The First and Last Days of the War on Drugs』에서 잘 보여주었다.[3] 특히 〈I Am a Fool to Want You〉로 유명한 흑인 재즈 보컬리스트 빌리 홀리데이Billie Holiday의 사례는 압권이다.[4] 1930년 미국 마약국FBN, Federal Bureau of Narcotics의 첫 책임자였던 해리 앤슬린저Harry Anslinger는 유색인 이민자들(특히 멕시코 이민자와 아프리카 출신 흑인들)을 백인을 위협하는 존재로 규정하고 이들이 사용하던 중독성 약물을 근거로 범법자로 몰아세웠다.

빌리 홀리데이는 그 상징적 인물로, 약물을 끊었을 때도 일부러 마약을 숨겨놓고 체포하는 수법을 사용하기까지 했다. 결국

다섯. 중독의 아픔

빌리 홀리데이는 병원에서 약물 금단증세로 사망했다. 당시 앤슬린저는 병원의 치료조차 가로막았다. 앤슬린저는 마약중독자와 타협하지 않는 (백인 남성) 행정가로 우뚝 서고, 빌리 홀리데이는 마약에 쉽게 의존하는 흑인으로 낙인찍혔다. 당시 똑같은 약물을 사용한 백인은 앤슬린저의 묵인 하에 쉽게 법망에서 벗어났다고 한다.

즉, 백인이 하면 일탈이고, 흑인이 하면 범죄였다. 이렇게 식물(약물)은 그 자체로 정치적이지 않았지만 정치적 행위의 도구로 활용되었다. 명예를 실추하고 사회에서 격리하는 데 '마약 딱지'만큼 효과적이고 빠른 처방은 없을지 모른다.

살기 위해 불법을 택하는 사람들

이번에는 다른 관점에서 중독성 약물을 바라보자. 2017년 성탄절에 올라온 기사가 있다. "시한부 아들 치료 위해 대마 샀다가……마약밀수범 된 엄마"라는 제목이었다.[5] 2017년 6월, 20대 후반의 여성은 시한부 뇌종양 환자인 4세 아들을 위해 '대마 오일'을 해외에서 구입했다. 검찰은 그녀에게 마약 밀수 혐의로 징역 1년 6개월(집행유예 3년)을 구형했다. 다행히 법원이 혐의를 마약 밀수가 아닌 대마 매매로 받아들이고 아이의 질병 상태를 고려해 6개월 선고유예 처분을 내렸다.

그녀가 구입한 대마 오일은 환각 효과가 없는 칸나비디올cannabidiol이다. 흔히 마리화나 혹은 대마초로 알려진 식물 대마hemp에는 약 60여 종의 칸나비노이드cannabinoid, CBD 화학물이 있는데 그중 칸나비디올을 추출한 것이다.[6] 그녀가 법을 어기면서까지 대마 오일을 구매하려 한 것은 칸나비디올이 뇌 병변 환자의 경련 증상에 기존 항경련제보다 효과적이고 부작용이 적기 때문이다. 이는 세계보건기구WHO가 이미 확인해준 객관적 사실이다.[7]

그렇지만 한국의 마약류 관리법은 대마의 씨앗·뿌리·줄기 이외의 부위에서 추출한 대마 제품은 성분과 관계없이 무조건 마약류로 구분하고 있기 때문에 치료용 대마 오일 역시 금지되어 있다. 해당 기사에서 수사를 담당한 검찰 관계자는 "대마초 제재에 대해서는 아직 사회적으로 찬반이 나뉘기 때문에 더 지켜봐야 할 문제"라 지적했다. 여기서도 등장한다. '논란의 여지!' 반대 목소리가 더 많이 모이면 효과적인 줄 알면서도 사용할 수 없다. 그게 정치다. 대마는 죄가 없다.

이런 논란에 찬성의 목소리를 내는 단체가 있다. 강성석 목사가 중심이 된 '의료용 대마 합법화 운동본부'(2017년 6월 15일 발족)가 그것이다. 강성석 목사는 의료용 대마medical marijuana를 사용하지 못해 고통받는 환자들이 존재하며, 이를 참지 못해 해외에서 구매를 시도하다 검찰 수사를 받게 된 사례들이 생겨난다고 호소한다.[8] 사실 앞에서 소개한 기사가 나오기 전까지는 나도 이러한 단체의 존재를 전혀 몰랐다. 아마도 의료용 대마와 관련해서 '논란'이라고 말하기 부끄러울 정도로 대마초에 관한 한 부정적 견해가 한국 사회를 지배했기 때문일지도 모른다.

의료용 대마 합법화 운동본부에도 희망이 생겼다. 2018년 1월 5일, 신창현 더불어민주당 의원 대표로 치료 목적의 대마 사용을 허용하는 '마약류 관리에 관한 법률'이 발의되었기 때문이다. 신창현 의원은 발의안에서 2017년 상반기에만 대마 오일 반입 혐의로 총 38건이 적발된 것을 지적하며 이미 미국·캐나다·독일 등에서 임상 시험을 거쳐 환각 효과가 없는 칸나비디올이 뇌전증·자폐증·치매 등에 효과가 있음이 입증되었다고 강조하며 의료 목적의 대마를 허용해야 한다고 주장했다.[9]

또한 식품의약품안전처는 2018년 7월 뇌전증 등 희귀 및 난치 환자들에게 치료를 목적으로 '대마' 성분이 포함된 의약품을 사용할 수 있는 방안을 추진하겠다고 발표했다. 다만, 해외에서 의약품으로 허가되지 않은 대마오일, 대마추출물 등을 수입하는 것은 여전히 금지된다.

생각해보면 나도 병원에서 암 환자나 수술 후 통증을 호소하는 환자에게 마약성 진통제인 모르핀morphine, 코데인codeine 등을 사용하는 것을 자주 목격했고, 직접 처방도 했다. 그런데도 왜 이런 약물들보다 중독성이 약한 대마 오일이 치료용으로 허용되지 않았는지 의문을 갖지 못했다. '대마초'라는 말만 들어도 불법이 연상되는 사고 패턴 때문일까? 개정 발의된 법안이 언제 통과될지 모르지만, 대마에 대해서는 한국 사회에 아직 '논란의 여지'는 없는 듯 느껴진다. 대마는 불법이고, 누구든 사회적 위신이 나락까지 떨어질 수 있는 강력한 낙인이다.

영국에서 유학할 당시 이와 관련된 BBC 다큐멘터리를 본 적이 있다. 제목은 〈영국의 마약 지도Drugs Map of Britain〉였다. 전체 시리즈 중 4화 「대마를 열망하다Dying For Weed」가 가장 인상적이었다.[10] 뇌종양(병명은 신경교종) 치료를 위해 대마 오일을 사용하는 필립의 이야기가 나온다. 영국 정부는 치료용으로 대마는 가치가 없다고 주장하며 의료용 대마 사용을 허용하지 않았고, 필립은 칸나비노이드를 복용(이것은 합법이다)하고 테트라하이드로칸나비놀THC을 전자담배 기계로 흡입(이것은 불법이다)하고 있었다. 이 다큐멘터리에서 가장 강렬하게 남은 독백이 있다. "나는 합법적으로 죽느니, 불법적으로 사는 것을 택할 거다."

필립은 대마의 효과에 관한 영국 정부의 '논란'에도 스스로 살길을 택했다. 한국과 다른 점은 그가 불법으로 대마를 흡입하고 있지만 체포되지 않았고, 공영방송에서도 소개되었다는 점이다.

국가는 달랐지만, 앞서 소개한 기사 속 부모 역시 필립과 같은 생각을 하고 있을지 모르겠다. 그 어떤 논란이나 법의 심판 앞에서도 생명의 가치보다 앞서는 것은 없다고 말이다.

마약중독자라는 낙인찍기

결국 논란을 유발하는 것은 사람이다. 식물도, 의학 지식도 그 자체로는 논쟁을 유발하지 않는다. 시대와 장소에 따라 의료용 대마가 합법과 불법의 경계선을 넘나드는 것이다. 더불어 논란의 대상자도, 피해자도 사람이다. 검찰이, 법원이, 의료계가 대마 오일을 두고 '논란'을 벌이는 사이, 어떤 사람들은 대마의 치료 혜택에서 소외되고 있을지 모른다. 또한 너무 앞서나간 억측일지도 모르지만 미국에서 20세 초·중반인 흑인과 멕시코 이민자들에게 덧씌워진 잠재적 마약중독자라는 낙인이 오늘날 한국 사회에서 약물 사용자(합법인 담배와 술이든 불법인 마약이든)에게 작동하고 있는 것은 아닌지 의심스럽다.

〈슬기로운 감빵생활〉이라는 드라마에는 마약 사범 '해롱이'가 나온다. 그는 물론 가상의 인물이고, 극 중 재미를 위해 우스꽝스러운 별명이 붙기는 했지만, 마약이나 하는 '의지박약한 인간'으로 비난받으며 괴로워하는 인물로 그려진다. 살인부터 사기에 이르기까지 다양한 범죄를 저지른 범죄자 사이에서도 질 나쁜 인간으로 추궁당한다. 참다못한 해롱이는 자신은 적어도 남한테는 피해를 안 주었다고, 그저 오른손이 가해자고 왼손이 피해자일 뿐이라고 절규한다.

해롱이의 분노가 해학적으로 보여주듯 한국 사회에서 마약에 손을 대는 것은, 비록 자신의 몸에 해를 가한 것뿐이라 하더라도, 당사자를 그 어떤 범죄에 뒤지지 않을 만큼 경멸과 혐오의 대상으로 전락시킨다. 그런데 해롱이의 주장처럼 마약에 중독된 사람이 누군가에게 물리적 해를 가하고 폭력을 행사한 이야기를 일상에서 쉽게 들을 수 있는가? 분명 있을 수 있지만(그리고 그러한 범죄행위를 옹호할 생각은 추호도 없지만), 확실한 것은 빈도로만 본다면 합법적 중독 물질인 술로 일어난 험악한 사건이 더 일상적이라는 사실이다(그래도 술은 여전히 합법이다).[11] 프랑스 역사학자 르네 지라르Rene Girards가 주장한 것처럼, 사회 구성원의 응집과 사회질서의 유지를 위해 해롱이와 같은 '희생양'이 필요한 것은 아닌지 되묻고 싶다.[12]

이 모든 것이 '사람'과 '사물'에 대한 낙인에 대한 이야기다. 해롱이는 사회가 정한 오염의 경계선을 넘어선 것이 문제다. 즉, 그는 신체가 불법 약물에 중독된 것을 넘어 '도덕적'으로 오염된 것이다. 여기서 문제가 도덕적 오염이 합법이냐 불법이냐가 아니라 난치병에 걸린 사람이 치료를 받을 수 있느냐 아니냐로 넘어가면 더 복잡해진다. 앞서 언급한 의료용 대마에 대한 논란이 대표적 예다.

소외되는 한국인의 '몸'

불법 중독 물질이 아닌 합법적 중독 물질은 어떠할까? 혹시 합법적 중독 물질의 사용자도 도덕적 오염이라는 낙인의 시선으로 바라보고 있는 것은 아닐까? 그래서 이들에게 도움이 될 치료 혜택이 객관적 사실을 넘어 지나친 '논란'의 대상으로 전락하지 않았는지 의문이 들기도 한다.

대표적 예가 전자담배 논란이다. 즉, 일반 담배보다 전자담배가 해로움이 덜한 것인지, 그래서 일반 담배를 흡연하는 것보다 전자담배를 흡입vaping하는 것이 덜 해로운 것인지 등에 대한 논란이다. 물론 이러한 논란의 중심에는 담배 회사라는 기업이 존재하기 때문에 전자담배는 충분히(당연히) 논란의 대상이 되어야 한다. 최근에 출시된 '가열담배(담배 회사 주장으로는 '궐련형 전자담배'라 불리는)'에 이르기까지[13] 담배 회사는 오래전부터 담배의 해로움에 대한 비판에서 조금이라도 벗어나 사업을 지속(즉, 니코틴이 포함된 중독성 물질을 계속 판매)하기 위해 해로움을 줄인

(혹은 그렇다고 주장하는) 담배 제품을 개발해왔다.[14]

그런데 영국에서는 국가 금연 교육 센터인 NCSCT National Centre for Smoking Cessation and Training가 전자담배로 금연을 시도하는 흡연자를 위해 자료집과 동영상을 제공하고 있다.[15] 한국은 전자담배에 대한 규제와 비판적 견해를 중심으로 전자담배의 가치를 '논란의 대상'으로 만들어 버렸지만,[16] 영국은 잉글랜드 보건부 Public Health England가 '전자담배가 일반 담배보다 약 95퍼센트 덜 해롭다'는 연구 결과를 공표하면서 전자담배는 흡연자가 건강을 위해 선택할 수 있는 대안이 되었다.[17] 물론 이 연구 결과 또한 논란의 여지가 분명하며 그 과정 중에 영국만의 특수한 상황(연구기관과 담배회사와의 역학관계 등)이 존재하기 때문에 한국 사회에 그대로 적용하기에는 무리가 있을 수 있다.[18]

현재 영국에서는 전자담배 스위치 switch 운동이 진행 중이다. 즉, 일반 담배에서 전자담배로 전환하는 것이다. 이러한 전략을 '위해 감축 harm reduction'이라고 한다.[19] 한국에는 이제야 조금씩 소개되고 있는 개념이다.[20] 간단히 말하자면 '합법적 혹은 불법적 향정신성 물질의 사용과 연관된 건강상·사회적·경제적 위해의 감축을 목표로 삼는 정책과 프로그램들'을 가리킨다.[21] 사전적 정의가 아닌 실질적인 가치는 잉글랜드 보건부에서 발간한 자료집에 구체적으로 드러나 있다.[22]

다섯. 중독의 아픔

그중 인상적인 것은 "여가용 니코틴 사용에 대해 경악하지 마라Don't be alarmed about recreational nicotine"라는 부분이다.[23] "그들의 선택에 대해 마음을 열어라, 그리고 귀를 기울여라. 특히 전자담배에 정말 잘 적응하고 있다면 말이다." 중독성 물질인 니코틴에 대해서도, 그것을 흡입하는 사람에 대해서도 어떠한 편견을 가지지 말자는 뜻이다. '논란'이 아닌 존중과 배려를 기본으로, 개인이 스스로 건강한 선택을 할 수 있게 도와주자는 정신이 깃들어 있다. 한국의 경우 이러한 차원의 '해로움 줄이기' 논의는 부족하다. 그러나 이것을 마냥 비판적으로 해석할 수는 없다. 왜냐하면 한국 사회에서 '해로움 줄이기' 논의는 담배회사가 마치 흡연자의 건강을 존중해주는 듯한 착시효과를 불러일으킬 수도 있기 때문이다.

영국의 보건학 교수 조안 닐Joanne Neale 등은 약물중독 치료에 사회학자 어빙 고프면의 수행성·낙인 등의 이론을 이용해 의미 있는 제안을 했다.[24] 우선 약물 '중단'을 지나치게 우선시하지 말자고 제안한다. 그러면 '끊어야만 한다'는 압박감에서 조금 자유로워지고, 실패에 대한 자책감spoiled identity에서도 좀더 쉽게 벗어날 수 있다고 이야기한다. 그 대신 스스로 건강과 행복을 생각하며 가족을 배려하고 존중하는 사람이라는 정체성을 '수행'해갈 수 있게 초점을 맞추어야 한다고 보고 있다. 이 제안 어디에서도 '약물' 자체와 '중독자'에 대한 도덕적 판단을 찾아볼 수 없다. 전자담배에 대한 영국의 스위치 운동이 보여주는 위해 감축은 이러한 세심한 배려에서 출발한 것이다.

마지막으로 물어보자. 자녀의 치료를 위해 마약을 해외에서 불법으로 구매하는 부모에 대해서, 더 나아가 중독성 물질을 사용하는 사람들에 대해서 한국은 얼마나 '정치적' 시선에서 자유로운가? 정치를 간단히 '편 가르기'로 이해한다면, 한국 사회는 혹시 식물과 의학 지식으로 '낙인'이라는 딱지를 붙이며 근거 없는 폭력적 편 가르기를 하는 것은 아닌지 말이다. 그리고 그사이 누군가의 몸은 소외되고 있지는 않은지 말이다. 우리 사회 어딘가에서 "합법적으로 죽느니 불법적으로 살겠다"고 몸부림치는 사람은 없는지 모를 일이다.

'가짜 세계'에
중독되는 이유

다양한 중독의 언저리에서

정해진 시간을 넘어 게임을 하던 딸에게 아내가 꾸지람하자 딸이 항변했다. "엄마는 스마트폰으로 드라마 보는 데 빠져 있고, 아빠는 맨날 유튜브 보잖아요. 왜 저 게임하는 것만 가지고 뭐라고 하세요!" 아차 싶었다.

추운 겨울, 퇴근길에 인터넷 중독에 대해 골몰한 채로 정류장을 지나쳤다. 길을 돌아 올라오면서 헤드폰을 쓰고 음악을 틀었다. 그러다 무심코 같은 가수의 뮤직비디오를 찾아보았다. 그렇게 나는 스마트폰 화면에 고개를 묻은 채 알 듯 모를 듯 미소를 짓고 걸었다.

그렇게 한참을 걸어 집에 도착하자 문득 깨달았다. '아! 또 유튜브에 빠졌구나!' 이러면 안 된다고 하면서 헤드폰을 벗고 거실로 향했다. 소파에 앉아 고민하며 아들이 먹다 남긴 초콜릿 쿠키를 무심결에 먹었다. 그러다 '아! 또 군것질하는구나!'라며 과자를 내려놓았다. 그러다 발걸음이 커피 메이커로 옮겨졌다. 그렇게 또 커피 한 잔을 마셨다. 문득 지금 내가 숨처럼 흘려보낸 일상을 돌아보았다. 인터넷 중독에 관한 글을 고민하는 나 역시 다양한 중독의 언저리에서 일상을 반복하고 있었다.

그래서 좀더 진지하게 일상을 되돌아보았다. 그러던 중 보고 있던 유튜브 동영상을 멈추고 질문해보았다. "지금 나는 왜 또 유튜브 동영상을 보고 있었나?" 오늘 아침 나를 불편하게 만든 일이 있었다. 직장에서 사소한 실수를 계기로 생긴 약간의 감정이 앙금으로 남아 하루를 심란하게 만들었다. 직장 어디에서나 존재하는 사소한 상황이었다.

그런데 그 찻잔 속 작은 소용돌이는 마음속에서 태풍처럼 감정을 뒤흔들었고 몸은 이를 감추기 위해 짐짓 고요한 척 애썼다. 하루의 업무를 마칠 때면 이런 긴장감과 심신의 소모로 인해 아무 생각 없는 휴식의 시간을 갈망하게 된다. 그때 손이 움직여 시각과 청각을 '때려줄' 영상을 찾아 '클릭'하는 것이다. 아무 생

다섯. 중독의 아픔

각 없이 클릭에 클릭을 이어가다 보면 시간은 어느새 잠자리에 들어야 할 시간이 된다. 더욱 지쳐버린 몸을 돌이켜보며 약간 후회도 하지만, 그 몰입의 순간 동안 낮에 일어났던 불쾌한 감정을 잠시라도 잊을 수 있었다는 것을 위안으로 삼았다.

스마트폰을 내려놓는 순간, 후회도 잠시고 내일 아침을 위해 피곤에 지친 몸을 침대 속으로 밀어넣었다. 그렇게 하루가 가고 똑같은 하루가 바쁘게 반복된다. 이렇게 '버티는' 하루하루 속에 습관적인 유튜브 시청은 삶의 일부가 되었다. 생각해보니 나에게 짤막한 유튜브 동영상 한 편이 담배 한 개비인 셈이었다.

사회적 문제가 된 인터넷 중독

인터넷 중독은 여러 중독을 포괄한다. 게임 중독, SNS(페이스북·카카오톡·트위터·인스타그램 등) 중독, 쇼핑 중독 등이 대표적일 것이다. 그중에서도 가장 먼저 문제가 된 것은 '인터넷 게임 중독'이다. 1998년 PC방이 IMF 경제 위기로 인한 명예 퇴직자들의 주요 창업 아이템이 된 계기는 블리자드엔터테인먼트가 내놓은 게임 스타크래프트(1998년 4월 출시)의 폭발적 인기 때문이라는 사실은 부정할 수 없다.[1] 1990년대 후반 인터넷 게임이 대중화되고 산업화되면서(e-스포츠라는 새로운 영역의 출현이 그

대표적 예다) '인터넷 게임 중독'이라는 새로운 사회적 이슈도 동반되었다.

특히 2010년 3월 게임에 중독된 부부가 3개월 된 딸아이를 돌보지 않아 굶어 죽게 한 일은 게임 중독의 심각성을 일깨워주었다.[2] 이 사건이 듣는 이를 경악시킨 것은 아이가 '굶어 죽었다'는 점이다. 부부는 하루에 최소 6~12시간 인터넷 게임을 했다고 전해진다. 그런데 아무리 게임을 많이 한다고 하더라도 어린 자녀가 굶어서 죽을 때까지 모르고(혹은 무시하고) 지낼 수 있는지 상상조차 힘들다. 하지만 뉴스를 조금 더 찾아보니 이보다 끔찍한 사건들도 존재했다. 2010년 11월 게임에 빠진 중학생이 꾸중하는 어머니를 살해하고 자살한 사건, 같은 해 설 연휴에 20대 남성이 게임 중독을 나무라던 어머니를 살해한 사건, 5일 동안 PC방에서 인터넷 게임에 빠져 있다 돌연사한 30대 남성 등 끔찍한 일들이 발생했다.[3]

개인적으로도 인터넷 중독의 심각성을 깨달은 계기가 있었다. 2013년 7월경 여성 흡연에 관한 연구를 진행할 때 미혼모 센터에 연락을 취했다. 드물지만 오래된 몇몇 연구에서 미혼모의 흡연율이 높다는 이야기를 접하고 오랫동안 미혼모 사업에 참여해 온 사회복지사를 만났다. 이때 나는 미혼모에게 흡연보다는 스마트폰 중독이 훨씬 심각한 문제임을 처음 듣게 되었다.

"사실 나는 흡연하는 미혼모를 보지 못했다. 숨기고 있어서 그럴 수도 있을 것이다. 그런데 가장 많이 듣는 것은 바로 스마트폰 중독이다. 카톡 중독, 인터넷 중독, 게임 중독이 많다. 이것 때문에 시설에서 문제가 많이 발생한다. 보통 한 방에 3명의 미혼모가 아이와 함께 거주하고 식사 시간, 수면 시간이 엄격하게 정해져 있는데 안 자고 밤에 스마트폰을 하면 서로 다투게 된다. 정부에서 나오는 지원금의 많은 부분이 전화비용으로 나가기 때문에 시설에서는 스마트폰 사용을 규제하고 있다."

이 사례는 벌써 5년 전 이야기이며, 미혼모 전체로 일반화해서는 안 된다. 하지만 여기서 이 이야기를 소개하는 것은 (나를 포함해서) 의사가 생각하는 미혼모의 '문제(흡연 등)'와 실제 현장에서 고군분투하는 사회복지사가 인식하는 '문제'가 전혀 달랐기 때문이다. 부끄럽지만 나는 이 인터뷰를 하기 전까지 인터넷 중독이 문제가 된다고 단 한 번도 생각한 적이 없었다. 너무나 일상적이어서 문제로 인식하지 못했던 것이다.

인터넷 중독을 문제로 인식하지 못하는 것도 문제지만, 더 큰 문제는 이것을 이해하고 해결하는 방식에 있다. 인터넷 중독 해결책을 인터넷의 힘을 빌려서 '검색'하면 의학 정보가 가장 먼저 제시된다. 인터넷 중독을 검색해보면 증상으로 "조절할 수 없는 충동감, 충동 조절 어려움, 대인관계 어려움, 강박증, 낮은 학업 성취, 산만함"이 소개되며, 관련된 질환으로는 "우울증, 행동 및 충동 장애, 병적 방화, 병적 도벽, 발모벽"이 나온다. 인터넷 중독의 치료는 "약물요법과 정신 치료를 함께하는 것"이 권유되고 있다.[4]

이러한 문제 이해 방식과 해결책은 과연 적합하고 정당한 것인가? 물론 부모를 살해하고, 자신의 생명이 위험에 처할 만큼 행동을 조절하지 못할 경우 '병적'인 상태로 받아들여 적극적으로 의학적 개입을 해야 할 것이다. 그렇지만 일상화된 인터넷 중독이나 그보다 약한 의존은 어떨까? 특히 앞서 소개한 미혼모의 사례를 생각해 본다면, 의사에게 문제를 해결하도록 맡기는 것이 최선인지 의구심이 든다.

오히려 이런 생각이 든다. 스마트폰 중독은 치료해야 할 '질병'이라기보다는 오히려 각종 사회적 낙인과 고립으로 인해 미혼모 센터로 밀려난 그녀들에게 비록 일시적이고 또 다른 고통의 원인이 될지언정 '치유'의 통로로 받아들여지지 않을까? 즉, 스마트폰에 '중독'되어서 사회적으로 고립된 것이라기보다는 '사회적 고립'이 중독을 강화시킨 것은 아닐까?

누가 '중독'을 규정하는가

인터넷 중독과 관련된 끔찍한 사건들을 찾다 보니 이에 대한 논의가 크게 2가지 틀 안에서 이루어지고 있었다. 하나는 앞서 이야기한 것처럼 게임에 중독된 '사람'의 정신적 장애이며, 하나는 이들이 빠진 게임 자체가 지닌 '중독성'에 대한 비난이었다.[5] 나는 이것이 문제의 핵심이 아니라 문제의 희생자에 비난이 집중되는 듯하여 불편했다. 진짜 문제, 특히 중독에 빠지게 된 '과정'에 대한 사유가 빠져 있는 경우가 많았기 때문이다.

인터넷 중독을 생각하며 『순수와 위험』으로 잘 알려진 인류학자 메리 더글러스를 떠올렸다.[6] '더러움'에 대한 그녀의 통찰은 현대사회를 바라보는 데 훌륭한 혜안을 제시해준다. 더글러스는 더러움이 어떤 사물 자체의 성질 때문이 아니라 그것에 부여된 위치와 질서를 벗어났을 때 더러운 것으로 인식된다고 지적했다. 그래서 위험이 사회적으로 '선택'된다고 보았다. 간단한 예로, 케이크가 접시 위에 있으면 맛있는 음식이지만, 하얀 셔츠 위에 떨어지면 '더러운' 음식으로 여겨진다.

게임 중독도 이와 같은 방식으로 바라볼 수 있다. 어떤 사람이 '문제적' 게임 중독자로 받아들여지는 것은 사회가(혹은 가정 · 회사가) 그에게 정해준 사회적 위치와 기능을 '이탈'한 경우라 볼 수 있다. 어느 학생이 같은 시간 동안 게임을 하더라도 부모가 정해놓은 규칙을 질서 있게 지켰다면 중독이 아닌 휴식이나 오락으로 여겨질 것이다. 결국 문제는 권위(부모의 결정 혹은 의학적 판단)가 정한 '질서'를 어겼다는 사실 자체에 있다. 비정상적인 게임 중독이 존재한다는 것은 정상적인 게임 활동에 대한 '질서'가 존재한다는 사실을 증명한다.

'권위'는 그동안 합법적이고 도덕적이었던 것을 불법적이고 비도덕적인 것으로 바꿀 수 있다. '권위'는 게임을 개발하고 추진하는 것을 '제4차 산업', '문화창조' 산업으로 치켜세우기도 하지만 게임에 중독된 젊은 층을 비도덕적인 인간으로 낙인찍으며 비판하기도 한다. 인터넷 중독에 대한 '권위자'는 의사, 특히 중독을 치료하는 의사다. 이들은 우울증·충동조절장애 등 개인적 문제가 있는 사람들이 주로 인터넷 중독에 빠진다고 이해한다. 즉, 중독자들은 의학적 권위가 규정한 '정상'의 범위를 벗어난 사람들이고 치료 대상으로 '분류'된다.

인류학자가 본 게임 중독

일상의 영역으로 들어가보자. 초등학교 5학년이 된 내 딸은 마인크래프트를 좋아한다. 나는 딸에게 그 게임이 재미있냐고 묻는다. 벽돌로 쌓고 부수고 또 쌓는 게임이 어디가 재미있는지 나는 도통 모르겠다. 딸은 종종 아내와 게임 때문에 마찰을 빚는다. 아내는 딸이 게임에 너무 **빠졌다**고 나무란다. 벌로 스마트폰을 **빼앗으면** 딸은 폭발한다.

아내가 딸의 게임 중독을 나무라는 것은, 딸이 게임을 하는 것 자체에 대한 분노라기보다는 순종적이기를 바라는 딸이 부모의 통제를 벗어났기 때문이다. 같은 시간 동안 게임을 하더라도 부모가 정해준 시간에 정해준 장소에서 규칙을 지키며 한다면 크게 문제 삼지 않을지 모른다.

게임에 중독된 자녀와 대화가 통하지 않는다고 분노하는 부모가 많다. 아이들의 중독이 병적이라고 생각하고 병원에 데려가 진료를 받게 하고, 치유를 권유한다. 그런데 생각해보면, 자녀와 대화가 통하지 않는 것이 아니라 부모가 자녀와 대화하는 법을 모르거나 능력이 결여된 경우도 있다. 어른으로서, 부모로서 후자가 더 큰 문제가 아닐까? 중독은 결핍의 산물이다. 자녀에게 대화가 통하지 않는 부모란 재앙과도 같을 것이다.

게임 중독에 관한 부모의 또 다른 걱정은 공부다. 과다한 스마트폰 사용이 자칫 공부를 방해할까봐 걱정이다. 최근 관심을 받고 있는 고영성·신영준의 『완벽한 공부법』에는 '몰입을 방해하는 스마트폰'에 관한 이야기가 실려 있다.[7] 주장의 근거로 최신 뇌과학과 심리학 연구 결과들(외부 개입 후 다시 몰입하는 데 평균 20분이 소요, 공상과 집중으로 전환이 잦을수록 피로도 증가, 인터넷 사용 시 문제 해결과 의사 결정 담당 부위인 전전두엽의 활성화 등)이 제시된다. 여기서 나는 스마트폰 자체가 해로운 기계라는 것보다 '몰입을 통해 추구해야 할 사회의 질서'가 존재한다는 사실에 주목한다. 즉, '무절제한 스마트폰 사용 사회'보다는 '몰입을 강요하는 사회'에 방점을 두어야 하지 않을까 싶다.

사회의 질서를 유지하기 위해 가장 권위 있는 기준으로 중독에 관한 뇌과학·심리학 연구가 제시되고 이것들은 주로 '개인'을 문제의 출발점이자 해결점으로 지목한다. 과학을 무기로 한 권위적 판단은 공부에 '몰입'하는 것이 도덕적 '선善'으로 받아들여지는 사회에서 스마트폰 과다 사용을 죄악으로 선고한다. "네가 그래서 공부를 못하는 거야! 스마트폰 내놔!"

중독을 선택할 수밖에 없는 이유

출퇴근길 사람들을 보고 있노라면 그 바쁜 걸음 속에서도 왠지 많은 것이 부자연스러워 보인다. 정해진 스케줄에 따라 질서 정연하게 움직여도 자연스러워 보이지 않는다. 오히려 무언가에 끌려가고 있는 느낌이다. 그래서 꼭 한국이 하나의 큰 게임 판처럼 느껴진다. 외부의 게임 조정자에 따라 전쟁같이 치열한 하루를 살아가고 심지어 죽으라면 죽는시늉까지 해야 하는 치열한 게임 말이다.

조정자의 '오락'을 위해 시민들은 역할에 따라 스마트폰에 시선을 고정한 채 명령을 수행하는 것처럼 느껴진다. 사람들은 부딪히고 넘어져도 자석에 끌려가듯 목적지를 향해 튕겨 일어선다. 와이파이 신호를 따라 모이고, 신호가 무료로 잡히는 곳에서는 지령을 받듯 스마트폰 화면을 응시하는 것처럼 보인다. 문득 영화배우 짐 캐리Jim Carrey가 악당 리들러로 출연했던 영화 〈배트맨 포에버〉가 떠올랐다. 고담시의 시민들은 리들러가 판매한 전파수신기에 뇌파를 통제당한다. 영화 속 전파수신기가 현실에서는 스마트폰으로 치환된 듯싶었다.

과거에는 종교적 의례를 통해 신성한 존재를 섬기며 존엄성을 지켰다면, 이제는 종교적 제단이 아닌 개인의 일상에서 스스로 정한 나름의 의례를 지킴으로써 인격체로서 존엄성을 지키려는 듯하다. 인류학자 마이클 잭슨Michael Jackson은 이것을 종교적 의례와 대비해서 '세속적 의례'라 부른다.[8] 다시 말해 내가 나를 고귀한 인격체로 아끼고 섬기는 것이다. 좋아하는 음식을 챙겨주고, 깨끗한 의복을 입혀주며, 목욕재계를 시킨다. 그리고 정해진 시간과 동일한 장소에서 의례적 행위를 수행한다. 커피를 내리고,

책상을 정리하고, 자세를 정돈하는 등 말이다. 이때 여러 기능을 탑재한 스마트폰은 이어폰과 함께 다양한 세속적 의례의 도구로 활용된다.

게임 판 같은 현실에서 스마트폰은 '세속적 의례'의 한 축을 담당한다. 잭슨은 세속적 의례를 언급하면서 이것의 가치를 '통제 가능성'에 두었다. 즉, 자신의 힘으로 바꿀 수 없는 삶의 영역에 스스로 통제 가능한 사소한 일상으로 맞서는 것이다. 통제 불가능한 영역을 사회가 부여하는 '질서'라 한다면, '중독'은 일상의 영역에서 손쉬운 세속적 의례의 결과물이 될 수 있다. 그렇게 본다면, 거칠게 표현해서 '중독'도 현대사회의 또 다른 '질서'로 이해할 수 있다. 입시 지옥 · 취업 지옥 등으로 삼포 세대 · 오포 세대라는 말까지 나오는 현실에서, 적응과 도태의 기로에서 버티는 방법은 쉽고 빠르게 접근할 수 있는 '단골' 전략의 수립이다. 즉, '일상적 중독'의 수립이다. 문제는 이때 따라오는 중독의 부작용은 온전히 개인의 몫이라는 점이다.

컴퓨터라는 제단 앞에 선 사람들

진짜 문제는 이런 것이다. 일상적 의례가 지나쳐 오히려 일상을 훼손한다면 그것을 의례로 볼 수 있을까? 생명의 위협까지는 아니어도 지나친 게임 중독으로 가족 관계에 문제가 생기고 대인 관계·학업·직장 생활에 문제가 발생한 경우에도 게임을 '의례'로 볼 수 있냐는 것이다.

이에 대해 고민하던 중에 인류학자 빅터 터너의 책 『의례의 과정』이 떠올랐다.[9] 한국을 전혀 모르는 아프리카 은뎀부Ndembu족 출신의 인류학자가 과거에서 타임머신을 타고 한국에 와 PC방에서 게임 중인 게임 중독자들을 관찰한다면 어떨까 상상해보았다. 은뎀부족 인류학자의 눈에는 게임이 기괴한 종교 의례로 보일지도 모른다.

게임 중독을 게임이라는 콘텐츠만 삭제하고 반복되는 행위의 특성을 두고 상상해보자. 정해진 시간에 어김없이 동일한 자리에 앉아 같은 자세로 식사도 하지 않은 채 몰입한다. 주변의 소란에도 동요하지 않고 트랜스trance 상태에 빠진 듯 몰입한다. 눈은 한곳을 응시한 채 눈동자만 움직이며 양손은 정해진 루틴에 따라 반복된 행위를 유지한다. 요란한 불빛이 화면에서 끊임없이 방출되고 눈은 그 불빛과 쉼 없이 교신한다. 수 시간이 지나 모든 것이 완료되면 녹초가 되어 쓰러진다.

게임 중독자의 일상은 기괴한 종교 의례고 모니터와 키보드, 마우스가 놓여 있는 자리는 신과 접속하기 위한 성전聖殿처럼 느껴질지 모른다. 누군가 컴퓨터를 빼앗고 키보드와 마우스를 건

드리면 성스러운 제단을 훼손한 것인 양 폭력적으로 변하고 이를 지키려 모든 물리력을 동원하는 것을 목격할 것이다(현대 의학으로는 분명 충동조절장애나 분노조절장애로 비추어질 행위들이다). 은뎀부족 인류학자는 종교 의례와 같은 게임 중독자의 행위를 어떻게 해석할까? 그는 연구 대상자(중독자)가 이런 의례적 행위로 경험하는 것이 무엇이라 보았을까?

이러지 않을까 싶다. 관찰해보니 중독자들은 모니터 안에서 길드를 형성해 현실 세계에서는 불가능하지만 통제 가능한 자신만의 사이버스페이스를 형성한다.[10] 그 속에서 대리 경험하는 긴장과 쾌락에 잠시 동안 마취된다. 그 약효 속에서 의식과 무의식의 중간 단계인 트랜스 상태에 빠져 답답한 현실의 시간을 고통 없이 흘려보낸다. 사이버스페이스는 일종의 '천국'인 셈이다. 자신의 성전인 PC방을 나서면 지옥 같은 경쟁의 일상으로 회귀한다. 일상이 지옥인 이유는 하루에 무려 40여 명이 견디지 못하고 스스로 목숨을 끊는 것을 보고 알 수 있다. 어떤가? 뇌 과학을 모르고, 게임의 의학적 중독성을 모르며, 게임 콘텐츠가 가상임을 모른다고 잘못된 연구라고 비웃을 수 있을까? 게임 중독자에게는 정말 게임이 종교와도 같을지 모른다. 인생에 기댈 수 있는 게 그것밖에 없다면 말이다.

다섯. 중독의 아픔

키보드는 차갑고, 사람의 손은 따뜻하다

내게도 오락실을 드나들던 초등학교 시절이 있었다. 버스 승차권까지 팔아가며 열심히 게임을 했다(특히 쌍용권을 좋아했다). 그러던 어느 날 오락기 모니터에 비친 내 얼굴을 '발견'하고는 그길로 오락실과 전자 게임을 끊었다. 당시 목격했던 내 얼굴이 생생히 기억난다. 눈은 한곳만 응시한 채 홀린 듯했다. 순간 무서웠다. 외계의 생명체가 내 머리에 촉수를 꽂아 내 몸을 조정하는 것 같았다. 그렇게 많은 시간 오락을 하면서 왜 그때까지 그 얼굴을 보지 못했을까? 보이는데 보지 않았을 것이다. 실제의 내 모습보다 가상의 오락이 '리얼'했기 때문일지도 모르겠다. 그렇게 오락실을 도망쳐 나와 집으로 돌아왔고 그 이후 단 한 번도 오락실에 가지 않았다.

지금 생각해보니 그렇게 단호하게 오락을 끊을 수 있었던 것은 단순히 두려움 때문만은 아니었다. 당시 내게는 그 어느 종교보다도 넓고 자애로운 할머니가 계셨다. 다른 곳에서 위로를 찾을 필요가 없었다. 어디를 방황하고 돌아와도 할머니는 언제나 그곳에 계셨다. 따뜻했다. 그런 가족의 품이 없었다면 또 다른 일상적 중독 거리를 찾아 밖에서 구걸했을지 모른다.

과학의 시대, 객관의 시대인데도 사회는 가장 기초적이고 명백한 사실을 잊고 있는 듯하다. 손을 내밀어 잡을 수 있는 손은 바로 눈앞에 있는 가족의 손이다. 그런데도 수많은 만들어진 가치(성적·성공·부·명예 등) 때문에 눈에 보이는 명백한 사실을 망각하고 왜곡한다. 그 결과 가족 간(특히 부모와 자녀 간의) 관계는 쉽게 단절된다. 증거는 우리 주변에 즐비하다. 그런데 사회는 때로는 너무 가족에 과도한 책임을 부과하는 식으로, 때로는 가족을 해체하는 식으로 가족 구성원을 괴롭힌다.

아무리 고민을 해보아도 인터넷(게임) 중독에 대한 논의는 여기에서 출발해야 하지 않을까 싶다. 게임 중독이 가족 구성원 간의 참혹한 결말로 끝나기도 한다는 것을 기억하자. 한국 사회의 가장 큰 위기이자 절실히 해결해야 할 과제 중 하나는 부모 세대와 자녀 세대의 틀어진 관계고, 그 징후 중 하나가 게임 중독이다. 인터넷이 아니라 사람과 사람(특히 가족) 간의 촘촘한 '넷net'을 회복해야 하지 않을까? 키보드는 차갑고, 사람의 손은 따뜻하다. 이것이 진정한 과학이다.

아픔을 목격하고 돌아오는 길은 매번 '무음'이다. 주변 어떤 소리도 귀에 들어오질 않는다. 머리가, 몸이 자주 '눈물'에 젖어 소리가 통과하질 못하나 보다. 그 눈물이 기억 속에서 마르기까지 꽤 시간이 필요한 듯하다. 몇 번을 경험해도 좋아질 기미는 보이지 않는다. 그래도 무엇에 홀린 듯 나는 또다시 아픔의 언저리로 발길을 돌리고 있다. 인류학자의 운명이겠거니 스스로 해석도 해본다. 그렇게 내 몸은 언제나 나의 사고보다 앞서 아픔을 지향한다. 주변 사람들에게 들키지 않으려고 항상 밝은 웃음까지 내비친다. 별종의 역마살인 게다.

이 글들은 인류학으로 박사 과정을 마친 후 귀국해서 정확히

1년 동안 아픔의 현장을 거닐며 목격한 아픔들을 담아낸 것이다. 때로는 도대체 어떤 아픔을 먼저 다루어야 할지 결정을 못할 정도로 곳곳에 아픔이 넘쳐났다. 그중에는 도저히 엄두가 나질 않아 시도하지 못한 주제들도 있다. 대표적인 게 성소수자 이야기다. 이것은 아직 더 많은 발품이 필요하다.

이 글들을 쓰는 과정은 나를 피 말리게 했다. 글을 쓰는 과정이 어려운 것은 부족한 능력 탓이라 치더라도 아픔의 기록을 찾고 그곳을 들여다보는 것은 참 많은 시간을 사색에 빠지게 만들었다. 음소거 상태에서 글자가 손끝에서 나오길 기다렸다. 몸으로 쓰고 머리로 지우길 반복했다. 나의 글들이 투박하고 부족하다면 그건 온전히 몸이 여전히 사춘기 티를 벗어나질 못해서일 게다. 자주 넘어지고 깨지길 반복하니 말이다.

이 기회를 빌려 꼭 소개하고 싶은 애니메이션이 있다. 2005년 국가인권위원회에서 제작한 인권영화 〈별별 이야기〉 중 박재동 감독의 '사람이 되어라'다. 단편이지만, 인류학의 최신 이론 못지않게 중요한 이야기를 담고 있다. 주인공은 고등학교 학생이다. 이들은 모두 동물의 얼굴을 하고 있다. 대학입시에 성공을 해야만 비로소 인간의 얼굴을 가질 수 있다. 그런데 그 '인간'의 얼굴이란 '인간애'를 상실해야만 얻을 수 있다. 생명의 가치에 경외심을 가지고 존중하는 따위의 행동은 나약하고 경계해야 할 모습이며, 오로지 약육강식의 경쟁에서 살아남는 것만이 '인간'의 얼굴을 가질 수 있는 조건이다. 그렇기에 동물의 얼굴을 가진 학생들과 숲속 동물들이 더욱더 인간적으로 묘사된다. '인간애'를 포기하지 않은 주인공 학생의 아버지는 '인간의 탈'을 쓰고 동물의 얼굴(인간애)을 가린 채 살아가고 있다.

애니메이션은 한국 사회의 현주소를 짧은 영상 속에 압축해 드러내고 있다. 한국에서 아픔을 느끼고 공감할 줄 알면 나약한 동물로 취급받고, 아픔 따위에 무감각하고 성공만을 좇을 때 강인한 인간 대접을 받는다. 진심으로 아니길 바라지만 거짓말을 하고 싶지는 않다. '모욕'받지 않기 위해 '모욕'을 참았던 콜센터 여고생 상담사의 사례가 그 증거다. 나 역시 인류학자라는 명패 아래 면죄부가 주어진 듯하지만, 아픔에 귀 기울이고 그곳을 향하는 모습은 한국 사회에서 나약한 동물 취급받기 십상이다. 특이한 별종 취급받는 경우가 다반사였다. 그래서 가끔 나 역시 인간의 탈을 쓰기도 한다. 이렇게 인간의 탈을 쓰고 벗고, 동물의 얼굴을 드러내고 감추고 하다보면 어느 순간 내가 동물인지 인간인지 혼란스러울 때가 있다. 인류학자 빅터 터너의 표현대로 '이도 저도 아닌' '경계인'인 셈이다. 사춘기도 성인기도 아닌, 동물도 인간도 아닌 경계선 상의 존재.

그런데 적어도 내 짧은 경험상, 서로가 경계인으로서 마주할 때, 다시 말해 사회가 요구하는 인간의 짐을 벗어던지고 서로를 받아들일 때 비로소 인간애를 충만하게 느낄 수 있었다. 가장 대표적 예가 바로 '아픔'을 공감할 때다. 서로가 똑같이 상처받고 아픈 몸임을 마주하는 순간 실없는 농담도 즐거울 수 있다. 한껏 짊어지고 있었던 경계심과 긴장감을 떨쳐버리고 (인간의 탈을 벗어던진 채) 크게 웃을 수 있다. 그렇게 품위 같은 건 집어던진 채 평화로운 마음으로 서로의 무릎베개를 즐길 수 있다. 나는 정말 할머니 품처럼 거리낌 없이 평안함을 느꼈다. '아픔'을 공유할 때 생기는 마법을 경험한 것이다. 그래도, 여전히, 나는 모두가 아픔 없이 평안했으면 싶다.

주

하나. 가족의 아픔

누구를 위한 '정상가족'인가

1   이것은 아내의 '단골 멘트'다. 구태여 이 표현을 쓴 이유는 이것이 얼마나 '문제
    적'인지 성찰하기 위해서다. '힘들다'는 핑계 속에는 가사와 육아는 당연히 어머
    니의 몫이라는 매우 편협한 젠더 의식이 내재되어 있다.

2   2016년 발표된 경제협력개발기구OECD의 「2015년 삶의 질 보고서How's Life? 2015」
    에서 OECD 국가의 아이가 아빠와 보내는 평균 시간이 47분이라고 한다. 한국
    은 평균 6분에 그친다. 스웨덴은 평균 300분이나 된다(http://www.oecd.org).

3   이윤주, 「한국인 1인당 하루 평균 스마트폰 3시간 쓴다」, 『경향신문』, 2016년 7월
    26일.

4   역사로 따진다면 1923년 5월 1일 방정환을 중심으로 공표한 어린이날이 가장
    오래되었다. 5월 8일 어버이날은 1956년 경로 효친 사상을 담은 '어머니날'이
    제정된 이후 1973년부터 시작되었고, 5월 21일 부부의 날은 2007년에야 법정
    기념일로 제정되었다.

5   김희경, 『이상한 정상가족』(동아시아, 2017), 11쪽.

6 김희경, 앞의 책, 5쪽.

7 김희경, 앞의 책, 8쪽.

8 헤더 몽고메리, 정연우 옮김, 『유년기 인류학』(연암서가, 2015), 20쪽.

9 헤더 몽고메리, 앞의 책, 17쪽.

10 한 신문사가 입수한 베이비 박스에 담긴 편지 100통 중 63통이 미혼'모'가 놓고 간 것이었다. 2011년부터 2016년까지 경찰에 입건된 영아 유기 피의자 중 79.3 퍼센트가 여성이라고 한다. 이들 대부분이 미혼모로 추정된다고 한다(김희경, 앞의 책, 112~113쪽).

11 이성택, 「베이비 박스, '생명의 상자'인가 '영아 유기 조장 불법 시설'인가」, 『한국일보』, 2017년 5월 16일.

12 개정된 입양특례법은 입양숙려제를 도입했다. 이것은 입양 동의가 아동 출생 후 1주일이 경과한 후에만 가능하게 만들었다. 행정법원 신고제에서 가정법원 허가제로 전환하는 것은 물론 양부모의 자격 심사를 강화하는 것이 주요 내용이다. 이와 더불어 양자가 될 아동의 출생신고 증빙서류를 갖추어 가정법원의 허가를 받도록 했다.

13 2013년 12월 5일, 〈MBC 나눔 특집다큐: 엄마의 꿈〉에서 배우 고소영이 "입양특례법 바뀌고 나서는 훨씬 아이들이 많이 들어오나요?"라고 묻는 질문에 이종락 목사는 "굉장히 많이 들어오죠. 입양특례법 바뀌기 전에는 한 달에 1~2명, 3명 정도였어요"라고 답했다.

14 이성택, 앞의 기사.

15 현행 낙태법은 다음과 같다.
형법 제269조(낙태) ① 부녀가 약물 기타 방법으로 낙태한 때에는 1년 이하의 징역 또는 200만 원 이하의 벌금에 처한다. ② 부녀의 촉탁 또는 승낙을 받아 낙태하게 한 자도 제1항의 형과 같다.
제270조(의사 등의 낙태, 부동의 낙태) ① 의사, 한의사, 조산사, 약제사 또는 약종상이 부녀의 촉탁 또는 승낙을 받아 낙태하게 한 때에는 2년 이하의 징역에 처한다.

16 김희경은 한국 사회에서 미혼모라는 것이 직장 내에 알려질 경우 '노골적 성희롱'과 '해고 위협'에 시달리기도 한다고 지적한다. 특히 결혼하지 않고 임신한 여성의 부당 해고는 비일비재한 일이라고 한다. 한부모 가정의 청소년은 2013년 기준 66.4퍼센트가 학업을 지속하지 못한다고 한다(김희경, 앞의 책, 119~121쪽).

17 「"울면서 찍었죠" 세상을 울린 '난곡동 베이비 박스'」, YTN 〈오준석의 뉴스인〉, 2016년 5월 16일.

18 Luna Dolezal, 『The Body and Shame』(Lexington Books, 2015), p.107.

19 이성택, 앞의 기사.

20 김희경, 앞의 책, 112~119쪽.

21 처음에는 한국전쟁 직후 전쟁고아와 혼혈아가 주로 입양 대상자였다면 1970년
대 들어서서 빈곤층 아동과 미혼모의 자녀로 급격히 전환되었다고 한다. 1988
년 서울올림픽 전후에는 '고아 수출 세계 1위'라는 외국 언론의 질타가 있을 정
도였다(김희경, 앞의 책, 133~134쪽).

22 김희경, 앞의 책, 125쪽.

23 김희경, 앞의 책, 118쪽.

24 정희진, 『혼자서 본 영화』(교양인, 2018), 27쪽.

25 정희진, 『페미니즘의 도전』(교양인, 2013), 40쪽.

26 Nancy Scheper-Hughes, 『Death Without Weeping』(University of California
Press, 1993), p.413. 셰퍼휴스의 '인격 부여 지연 현상'에 대한 자세한 논의는
헤더 몽고메리의 『유년기 인류학』(특히 137쪽)에도 자세히 소개되어 있으니 참
고하기 바란다.

27 김희경, 앞의 책, 162~176쪽. 교육과 관련해서만 보더라도 한국은 민간이 부담
하는 공교육비 부담률이 OECD 국가 평균의 3배에 달하며 전체 회원국 중 세
번째로 많다.

28 김희경은 『이상한 정상가족』에서 김현경의 『사람, 장소, 환대』(문학과지성사,
2015)에 나온 체벌의 의미를 재인용하면서 이를 강조했다(29~30쪽). "체벌은
언제나 단 하나의 메시지를 반복적으로 전달한다. 바로 체벌이 언제라도 반복될
수 있다는 사실이다. 너의 몸은 온전히 너의 것이 아니며, 나는 언제든 너에게
손댈 수 있다는 가르침이다."

29 김희경, 앞의 책, 56쪽.

30 김희경, 앞의 책, 29쪽.

31 구정우 외, 『2016년 국민인권의식조사』(국가인권위원회, 2016).

32 헤더 몽고메리, 앞의 책, 107~120쪽.

33 헤더 몽고메리, 앞의 책, 46~53쪽.

34 김희경, 앞의 책, 204~205쪽.

35 Nancy Scheper-Hughes · Carolyn F. Sargent, 『Small Wars』(University of
California Press, 1998).

36 헤더 몽고메리의 『유년기 인류학』 결론 부분(428쪽)에서 발췌해 인용했다. 그녀
는 이러한 질문들이 어린이뿐만 아니라 어른에게도 해당된다고 강조한다.

37 김희경, 앞의 책, 257쪽.

4 · 3항쟁과 4 · 16참사 사이에서

1   「문 대통령 '유감 표명', 한–베트남 관계 성숙 계기로」, 『한겨레』, 2018년 3월 23일.
2   노효동 · 이상헌 · 박경준, 「문 대통령, 4 · 3 완전 해결 약속…국가 폭력 의한 고
      통 깊이 사과」, 『연합뉴스』, 2018년 4월 3일.
3   문재인, 「제주 4 · 3 희생자 추념사」.
4   Richard S. Esbenshade, 「Remembering to Forget: Memory, History,
      National Identity in Postwar East–Central Europe」, 『Representations』 49,
      1995, pp.72~96. 이 논문의 74쪽에 인용된 밀란 쿤데라의 "the struggle of
      man against power is the struggle of memory against forgetting"의 표현을
      재인용했다.
5   이승록, 「"제주 4 · 3은 대한민국의 역사입니다"」, 『제주의소리』, 2018년 1월 15일.
6   강상철, 「IT업계 30대 여성 웹디자이너 '장시간 노동' 자살 충격」, 『노동과세계』,
      2018년 4월 5일.
7   박태우, 「"푹 자고 일하고 싶어…" 웹디자이너의 마지막 소원」, 『한겨레』, 2018
      년 4월 4일.
8   통계청, 「지역 · 연령 · 성별 사망자수와 사망률」(http://kosis.kr).
9   「대한민국군 베트남전쟁 참전」, 위키백과.
10   강준만, 『한국 현대사 산책: 1940년대편 2권』(인물과사상사, 2004), 106~107쪽.
11   「4주기 국민 참여 공지」, 4 · 16연대 홈페이지(http://416act.net).
12   「대한민국군 베트남전쟁 참전」, 위키백과.
13   고경태, 「잠자던 진실, 30년만에 깨어나다」, 『한겨레21』, 2000년 11월 23일.
14   이규봉, 「베트남 마을에 있는 한국군 '증오비'」, 『오마이뉴스』, 2009년 4월 22
      일. 증오비에 관한 자세한 내용은 다음 책에 자세히 다루고 있다. 권헌익, 유
      강은 옮김, 「전쟁 기념비의 역사」, 『학살, 그 이후』(아카이브, 2013), 229~236
      쪽.(University of California Press, 2006; 아카이브, 2012)
15   권헌익, 박충환 · 이창호 · 홍석준 옮김, 『베트남 전쟁의 유령들』(산지니, 2016),
      41쪽.(Cambridge University Press, 2008; 산지니, 2016)
16   권헌익, 유강은 옮김, 『학살, 그 이후』, 76, 85~86쪽. 권헌익은 베트남전쟁 당시
      한국군이 얼마나 많은 대규모 · 소규모 민간인 학살에 참여했고, 그 과정이 얼마
      나 참혹했는지 민족지 연구를 통해 자세히 기술했다.
17   권헌익, 앞의 책, 83쪽.
18   권헌익, 앞의 책, 90쪽.
19   권헌익, 앞의 책, 200쪽.

20 권현익, 『베트남 전쟁의 유령들』, 43쪽. 권현익은 판 후이동의 단편소설 「백만 불짜리 해골」을 인용하며 망자의 범위를 간접적으로 보여준다. 소설 속에서 "남자, 여자, 어린아이, 노인, 베트남인, 라오스인, 크메르인, 타이인, 한국인, 호주인, 뉴질랜드인, 프랑스인, 흑인, 백인, 홍인, 황인, 갈색인…심지어 몇몇 미국인"까지 망자의 범주에 포함되었다.

21 권현익, 앞의 책, 240쪽.

22 권현익, 『학살, 그 이후』, 284쪽.

23 권현익, 『베트남 전쟁의 유령들』, 236쪽.

24 권현익, 앞의 책, 43~44쪽.

25 권현익, 앞의 책, 263쪽.

26 권현익, 앞의 책, 225쪽.

27 권현익은 『베트남 전쟁의 유령들』 서두에서 인류학자로서 유령 관념에 과학적인 해석의 틀을 제공하지 못하고 현지인의 경험을 그대로 받아들이고 기술한 것을 직접적으로 언급했다. 그는 자신의 이러한 입장이 현재 인류학계에서 논의되는 '급진적 경험주의Radical Empiricism'의 한 예일 수 있다고 이야기한다. 인류학자 마이클 잭슨Michael Jackson이 소개한 '급진적 경험주의'란 현상을 이성적으로 재단하지 않고 있는 그대로 받아들이고 기술하는 현상학적 접근 방법의 일환이다. 자세한 이야기는 다음 책을 참고하기 바란다. Michael Jackson, 『Paths Toward a Clearing: Radical Empiricism and Ethnographic Inquiry』(Indiana University Press, 1980).

28 강준만, 앞의 책.

29 강준만, 앞의 책, 106쪽.

30 강준만, 앞의 책, 20~21쪽.

31 강준만, 앞의 책, 197쪽에서 재인용.

32 강준만, 앞의 책, 199쪽에서 재인용.

33 강준만, 앞의 책, 207쪽.

34 강준만, 앞의 책, 195, 209쪽.

35 현기영, 『순이 삼촌』(창작과비평사, 1979), 71~72쪽.

36 강준만, 앞의 책, 179쪽.

37 홍승혜, 「유령의 귀환: 〈거듭되는 항거〉의 제주 4·3 다시보기」, 『한국학연구』 제46집(인하대학교 한국학연구소, 2017), 173~200쪽.

38 홍승혜, 앞의 논문, 182쪽.

39 카이젠은 가난한 집안 환경 탓에 덴마크로 입양된 후 2001년 한국으로 돌아와 가족들을 만나며 제주 4·3항쟁을 접하게 된다. 그녀는 국가의 역사에서 삭제

되어 해외로 입양 보내진 자신의 처지와 국가권력에 생명을 빼앗기며 역사에서
삭제된 4·3항쟁의 희생자들이 다르지 않다고 보았다. 그녀는 2010년 1년에 걸
쳐 제주 4·3항쟁을 다룬 다큐멘터리 〈거듭되는 항거〉를 촬영했다.

40 홍승혜, 앞의 논문, 174쪽에서 재인용.

41 홍승혜, 앞의 논문, 175쪽.

42 정재은, 「세월호, 김영오씨 병원서 단식 계속…국민대책회의 청와대로」, 『참세
상』, 2014년 8월 22일.

둘. 낙인의 아픔

장애를 보는 비열한 시선

1 강종구, 「백화점 점원 '무릎사죄' 영상 파장…고객 갑질 논란」, 『연합뉴스』, 2015
년 10월 18일. 고객은 7~8년 전에 구매한 귀금속을 무상 수리해주기 원했고 직
원들은 규정상 일정 부분 본인 부담이 필요하다고 응대했다. 이에 불만을 품은
고객이 업체 본사에 항의했다. 결과적으로 무상 수리를 받게 된 고객은 당시 직
원들을 찾아가 1시간가량 항의했고, 직원들은 결국 무릎을 꿇었다고 한다. 이
장면을 본 다른 고객이 영상을 촬영해서 외부에 알려지게 되었다.

2 이혜미·고가혜, 「21년 후에도 또 '무릎 꿇은 부모'를 볼 건가요?」, 『한국일보』,
2017년 9월 30일.

3 박수진·신민정, 「'무릎 호소' 특수학교 갈등 불지핀 '김성태 공약'」, 『한겨레』,
2017년 9월 13일.

4 김소라, 「"학교 지켜주세요" 공진초교의 눈물」, 『서울신문』, 2011년 10월 17일.

5 이에 대해서는 2011년 당시 공진초등학교에 실제 다녔고, 가양아파트에 거주했
던 당사자가 쓴 글에서 자세한 정보를 얻을 수 있었다. 그는 "있는 자들에게 농
락당한 이야기"라고 표현했다(http://hoon8007.blog.me).

6 박선영, 「"장애의 편견 넘어 함께"…웅천초교의 기적」, 『한국일보』, 2017년 9월
30일.

7 이혜미·고가혜, 앞의 기사.

8 메리 더글러스, 유제분·이훈상 옮김, 『순수와 위험』(현대미학사, 1997), 69쪽.

9 로버트 머피, 「사회적 만남들: 미국 사회의 침묵하는 몸」, 베네딕테 잉스타·수
잔 레이놀즈 휘테 엮음, 김도현 옮김, 『우리가 아는 장애는 없다』(그린비, 2011),
260~299쪽. 6장 「사회적 만남들: 미국 사회의 침묵하는 몸」은 머피의 원저 『침

묵하는 몸』에서 주요 부분을 발췌해서 옮겼다.

10 베네딕테 잉스타 · 수잔 레이놀스 휘테, 앞의 책, 290쪽.

11 미디어몽구, 「김성태 의원 또 다른 모습 포착」, 2017년 9월 6일.

12 베네딕테 잉스타 · 수잔 레이놀스 휘테, 앞의 책, 291~292쪽.

13 베네딕테 잉스타 · 수잔 레이놀스 휘테, 앞의 책, 23~29쪽.

14 베네딕테 잉스타 · 수잔 레이놀스 휘테, 앞의 책, 191쪽.

15 베네딕테 잉스타 · 수잔 레이놀스 휘테, 앞의 책, 189쪽.

16 베네딕테 잉스타 · 수잔 레이놀스 휘테, 앞의 책, 186쪽.

17 어빙 고프먼, 윤선길 · 정기현 옮김, 『스티그마』(한신대학교출판부, 2009), 72쪽.

미투 운동, 피해자는 잘못이 없다

1 Nadia Khomami, 「#MeToo: How a Hashtag Became a Rallying Cry Against Sexual Harassment」, 『The Guardian』, 20 Oct. 2017.

2 이 글은 2018년 1월 29일 서지현 검사가 8년 전 자신이 겪은 성추행 경험을 검찰 내부망에 올린 글 중 일부다. 황춘화, 「서지현 검사가 올린 안태근 성추행 폭로 글」, 『한겨레』, 2018년 1월 30일.

3 정희진은 2008년 12월 6일에 발생한 민주노총 내 남성 간부의 여성 노조원 성폭력 사건을 기록한 『하늘을 덮다, 민주노총 성폭력 사건의 진실』(메이데이, 2013)에 대한 서평에서 이른바 진보적 남성주의 리더십이 보여주는 성 평등 의식 결여를 통렬히 비판했다. 정희진, 「진보운동과 성 평등, 함께 갈 수 있을까?」, 『정희진처럼 읽기』(교양인, 2014), 120~123쪽.

4 이재연, 「"미투에 너무 안이하다" 유엔서 혼난 한국 정부」, 『국민일보』, 2018년 2월 28일.

5 이에 대해서는 2018년 3월 1일, JTBC 〈뉴스룸〉의 「팩트체크: 한국의 '강간죄' 국제 기준에 맞지 않다?」에서 상세히 다루었다. 유엔 규약은 강간죄 성립에서 '피해자가 동의를 했느냐'가 중점이 되지만 한국은 '피해자가 얼마나 저항했는지'를 직접 입증해야 하는 차이가 있다. 영국은 폭행이나 협박이 없어도 강간죄가 성립되고, 미국과 독일은 가해자의 폭행 혹은 협박이 동반될 때 강간으로 보는 반면, 한국 법원은 '피해자가 저항하기 현저히 불가능한 상태'였는지가 중요한 강간죄 성립 기준이다.

6 김현유, 「'가해자에 무죄 판결' 성폭행 피해자와 남편이 동반자살했다」, 『허프포스트코리아』, 2018년 3월 4일.

7 강푸름, 「여성단체 "박유천 성폭행 피해자, 무고혐의 무죄 판결 환영" 외」, 『여성

신문』, 2017년 7월 11일.

8   Heidi I. Hartmann, 「The Unhappy Marriage of Marxism and Feminism: Towards a More Progressive Union」, 『Capital&Class』 3(2), 1979, pp.1~33.

9   최영미, 「괴물」, 『황해문화』, 2017년 겨울호.

10   서지현 검사가 올린 글은 황춘화, 「서지현 검사가 올린 안태근 성추행 폭로 글」, 『한겨레』, 2018년 1월 30일 기사에서 확인할 수 있다.

11   루스 베니딕트, 정승섭 옮김, 『국화와 칼』(혜원출판사, 2006), 262~263쪽.

12   황춘화, 「이윤택, 기자회견 전 '불쌍한 표정' 리허설했다」, 『한겨레』, 2018년 2월 21일.

13   어빙 고프먼, 윤선길 · 정기현 옮김, 『스티그마』(한신대학교출판부, 2009), 74쪽.

14   성판매여성안녕들하십니까 기록팀, 『나도 말할 수 있는 사람이다』(https://www.tumblbug.com/keepspeaking).

15   홍혜은, 「성판매 여성은 '#미투'를 외칠 수 없다는 당신에게」, 『오마이뉴스』, 2018년 2월 13일.

16   정희진, 『페미니즘의 도전』(교양인, 2005), 140쪽.

17   정희진, 앞의 책, 157쪽.

18   강푸름, 「344개 여성단체, 박유천 판결에 '분노'…"'피해자다움' 프레임 씌우지 말라」, 『여성신문』, 2017년 1월 18일.

19   김현경, 『사람, 장소, 환대』(문학과지성사, 2015), 211~212쪽.

20   Nayanika Mookherjee, 「The Raped Woman as a Horrific Sublime and the Bangladesh War of 1971」, 『Journal of Material Culture』 20(4), 2015, pp.379~395.

21   Tahmima Anam, 「Bangladesh's Birangona Women: 'Tell the World our story'」, 『The Guardian』, 15 Apr. 2014.

22   해시태그는 원래 컴퓨터 프로그램 언어로 우선 처리되어야 할 키워드를 표시하기 위한 기호였다. 2007년 트위터에서 수많은 자료가 의미 없이 사라질 것을 우려해 해시태그를 사용해 원하는 주제를 검색할 수 있게 만들었다. 해시태그는 이제 다른 SNS에서도 사용되고 있으며, 관련된 주제들을 묶어주는 메타 데이터 역할을 한다. 「해시태그」, 위키백과.

23   박현익, 「이윤택 피해자들 기자회견…"이런 일로 주목받고 싶은 사람은 없다"」, 『조선일보』, 2018년 3월 5일.

24   셰리 오트너 엮음, 김우영 옮김, 『문화의 숙명』(실천문학사, 2003).

25   「반 성폭력 문화 확산을 위한 성폭력 보도 가이드라인」은 2006년 한국여성민우회 성폭력 상담소에서 발간한 것으로 성폭력 보도 시 언론이 가져야 할 '최소한'

의 원칙을 정리한 것이다.

셋. 재난의 아픔

'가습기 살균제' 참사와 사회적 대응

1   이현정, 「'부모-자녀 동반자살'을 통해 살펴본 동아시아 지역의 가족 관념: 한국, 중국, 일본 사회에 대한 비교문화적 접근」, 『한국학연구』 40(2012), 187~227쪽.

2   Martha Balshem, 「Cancer, Control, and Causality: Talking about Cancer in a Working-Class Community」, 『American Ethnologist』 18(1991), pp.152~172.

3   안종주, 『빼앗긴 숨』(한울, 2016), 33쪽.

4   김지원, 「누가 '진짜 피해자'인가?: 가습기 살균제 참사에서 피해자 범주의 구성」, 『비교문화연구』, 2017, 23, 5~51쪽. 이 논문은 가습기 살균제 피해자들 사이에서 피해 배상과 보상을 두고 '누가 더 피해자인가?'를 둘러싼 갈등이 초래될 소지가 많은 판정 기준을 가해당사자 기업과 정부 측 관계 기관이 정하고 있다고 지적한다.

5   정일관, 「가습기 살균제가 죽인 딸…저는 '4등급' 아버지입니다」, 『오마이뉴스』, 2016년 8월 8일.

6   안종주, 앞의 책, 169~170쪽.

7   질병관리본부, 「가습기 살균제 원인 미상 폐손상 위험요인 추정」, 2011년 8월 31일.

8   안종주, 앞의 책, 94~95쪽. 저자는 당시 유공이 독성시험을 의뢰한 서울대학교 수의대 이영순 교수팀에게 실험쥐를 대상으로 독성시험을 할 수 있는 장치가 없었고, 살균제 성분을 쥐 코끝에 떨어트리는 간이 시험만 한 채 '문제없다'고 결론을 내렸다고 이야기한다. 저자는 이와 같은 흡입 독성 시험 여부와 관련해서 적극적 수사가 필요하다고 주장한다.

9   원래 옥시는 세탁 표백제 '옥시크린'과 습기 제거제 '물먹는하마'로 유명한 동양화학그룹의 계열사였다. 하지만 1997년 IMF 시기에 영국의 레킷벤키저에 팔렸고, 회사 이름은 옥시레킷벤키저로 변경되었다. 레킷벤키저는 전 세계적으로 손세정제 '데톨', 콘돔 '듀렉스', 역류성 식도염 치료제 '개비스콘'을 판매하는 200년 전통의 업체다.

10 2017년 8월 9일부터 시행된 '가습기 살균제 피해 구제법'은 3~4단계 피해자들에게도 구제 계정 운용 위원회의 판단에 따라 최대 1,000만 원을 지원받게 되었다고 한다. 그렇지만 이 역시 전체 치료비의 극히 일부분에 해당할 뿐이라 근

본적인 배상이 될 수는 없다.

11 김지원, 앞의 논문, 26쪽.

12 김지원, 앞의 논문, 28~31쪽.

13 김지원, 앞의 논문, 23쪽. 논문 주장 내용을 재구성함.

14 안종주, 앞의 책, 118쪽.

15 안종주, 앞의 책, 47~48, 153~158쪽.

16 안종주, 앞의 책, 123쪽.

17 환경보건시민센터(http://eco-health.org).

18 「사회적참사특조위 "공정위 '가습기 살균제 불기소' 항고했어야"」, 연합뉴스, 2018년 5월 1일.

19 김지원, 앞의 논문, 41쪽.

20 Charles L. Briggs · Clara Mantini-Briggs, 『Tell Me Why My Children Died』 (Duke University Press, 2016).

21 Charles L. Briggs · Clara Mantini-Briggs, ibid., p.212.

22 세실 G. 헬먼, 최보문 옮김, 『문화, 건강과 질병』(전파과학사, 2007), 235쪽.

삼성전자와 또 하나의 가족

1 이종란, 「삼성반도체 노동자 백혈병의 진실과 과제」, 『정세와노동』 44(2009), 21~26쪽; 김종영 · 김희윤, 「반올림 운동과 노동자 건강의 정치경제학」, 『경제와사회』 109(2016), 113~152쪽; 방희경, 「행위자-관계망 이론으로 재구성한 '삼성반도체 작업환경과 백혈병 사이의 인과관계'—추단할 수 있는 단서들 수집 vs. 부재 증명」, 『언론과사회』, 2014년, 64~110쪽.

2 2011년 6월 고 황유미, 이숙영의 백혈병이 서울행정법원에서 산업재해로 인정된 후 다른 노동자 10명의 질병(백혈병, 재생불량성빈혈, 림프종, 유방암, 난소암 등)이 근로복지공단과 법원에서 산업재해로 인정되었다. 2012년 11월 삼성은 대화를 제안했지만, 교섭 주체 논쟁으로 파행에 이르렀다. 2014년 8월 피해 가족 일부가 새로 대책위를 발족하고 삼성전자와 조정 절차에 돌입했으나 2015년 9월 삼성전자는 갑작스레 자체적인 보상과 사과를 개시했다. 반올림과 피해 가족 55명은 긴급 기자회견을 갖고 2015년 10월 7일부터 삼성전자 서초 사옥 앞에서 24시간 농성을 이어갔다.

3 반올림 공식 카페(http://cafe.daum.net/samsunglabor).

4 만다, 「놀러오세요, 강남역 8번 출구 삼성사옥 '앞'에」, 『ㅍㅍㅅㅅ』, 2015년 12월 29일.

5 이종란, 앞의 글, 21쪽.

6 만다, 앞의 기사.

7 만다, 앞의 기사.

8 김성환, 「삼성반도체 23세 여성 노동자가 백혈병으로 죽어가고 있습니다—내 자식이 백혈병으로 죽더라도, 한이 없게 치료라도 제대로 받을 수 있었으면…」, 『정세와노동』 50(2009), 65쪽.

9 이종란 노무사의 개인 SNS에 2017년 11월 3일에 올라온 글을 참고했다. 그녀의 글은 "억울해서 써본다"로 시작한다. 여기에서는 개인 정보 보호 차원에서 실명과 회사 이름을 밝히지 않았다. 원문은 이종란 노무사 SNS에 공개되어 있다.

10 반올림 공식 카페(http://cafe.daum.net/samsunglabor).

11 만다, 앞의 기사.

12 테드 스미스 외, 공유정옥 외 옮김, 『세계 전자산업의 노동권과 환경정의』(메이데이, 2009), 543쪽.

13 테드 스미스 외, 앞의 책, 548~549쪽.

14 후원금은 반올림 카페를 통해 등록할 수 있다.

15 로버트 머피, 「사회적 만남들: 미국 사회의 침묵하는 몸」, 베네딕테 잉스타 · 수잔 레이놀스 휘테 엮음, 김도현 옮김, 『우리가 아는 장애는 없다』(그린비, 2011), 297쪽.

16 인류학자 빅터 터너의 의례의 3단계 과정인 분리seperation, 전이transition, 통합 aggregation 중 전이 상태를 구분 짓는 '경계' 개념을 차용한 것이다. 자세한 내용은 빅터 터너, 박근원 옮김, 『의례의 과정』(한국심리치료연구소, 2005) 참조.

17 베네딕테 잉스타 · 수잔 레이놀스 휘테 엮음, 앞의 책, 297쪽.

18 빅터 터너, 앞의 책, 10쪽.

19 빅터 터너, 앞의 책, 187~194쪽.

넷. 노동의 아픔

문화는 어떻게 몸에 새겨지는가

1 Clifford Geertz, 『The Interpretation of Cultures』(Basic books, 2000/1973), p.5. 한국에서는 문옥표 옮김, 『문화의 해석』(까치글방, 2009)으로 번역되었다.

2 Clifford Geertz, ibid., p.407.

3 미국의 인류학자 앨프리드 루이스 크로버와 클라이드 클럭혼이 1952년에 확

인한 것만 보더라도 문화에 대한 정의가 무려 162개나 되었다. 자세한 내용은 Alfred Louis Kroeber · Clyde Kluckhohn, 『Culture: A Critical Review of Concepts and Definitions』(Peabody Museum of Archaeology & Ethnology, Harvard University, 1952)를 참고하라.

4   Clifford Geertz, ibid., p.89. 좀더 구체적으로 기어츠는 문화를 '역사적으로 전해지는 의미들이 구체화된 상징들, 또는 상징적 형태로 표현되는 전승된 개념들의 체계'라고 정의한다. 기어츠는 이러한 문화를 통해 사람들이 삶의 지식과 삶에 대한 태도들을 표현하고, 지속하며 발전시킨다고 보았다.

5   임상훈, 「"아빠, 나 콜 수 못 채웠어" 어느 여고생의 죽음」, 『노컷뉴스』, 2017년 3월 6일.

6   허환주, 「'SAVE' 업무는 19세 여고생을 자살로 몰아냈다」, 『프레시안』, 2017년 3월 7일.

7   임상훈, 앞의 기사.

8   허환주, 「차 안에서 번개탄 피우기 전에 쓴 텔레마케터의 고발장」, 『프레시안』, 2017년 3월 15일.

9   2016년 세계보건기구의 발표에 따르면 한국은 2012년 기준으로 인구 10만 명당 36.8명의 자살률로 전 세계 1위다. 2위는 남아메리카의 가이아나로 10만 명당 34.8명이다(http://www.who.int).

10 이현정, 「자살에 관한 문화적 학습 및 재생산의 경로: 중국 농촌 여성의 사례」, 『비교문화연구』(2010), 16집 2호, 115~149쪽.

11 어빙 고프먼, 진수미 옮김, 『상호작용 의례』(아카넷, 2013/1967), 120쪽.

12 Erving Goffman, 『Behavior in Public Places』(Free Press; Reissue edition, 1966), p.33.

13 Arthur Kleinman, 「Moral Experience and Ethical Reflection: Can Ethnography Reconcile Them? A Quandary for the New Bioethics」, 『Daedalus』(1999) 128, pp.69~97.

14 Thomas J. Csordas, 「Embodiment as a Paradigm for Anthropology」, 『Ethos』(1990) 18, pp.5~47.

15 Lindsay French, 「The Political Economy of Injury and Compassion: Amputees on the Thai-Cambodia Border」, 『Embodiment and Experience: The Existential Ground of Culture and Self』(Cambridge University Press, 1994), pp.69~99.

16 정수남, 「노동자의 불안 공포와 행위의 감정동학—외환위기 이후 노동빈민에 관한 감정사회학적 연구」, 한국학중앙연구원 한국학대학원 박사 학위 논문,

2010년.

17 김기태, 「송파 세 모녀 사건을 되새김질 하는 이유」, 『프레시안』, 2016년 12월 19일.

18 김윤영 · 정환봉, 『죄송합니다, 죄송합니다: 송파 세 모녀의 죽음이 상처를 남긴 이유』(북콤마, 2014).

19 김현경, 『사람, 장소, 환대』(문학과지성사, 2015), 165쪽.

통증을 강요하는 사회

1 한국노동사회연구소, 「서울시 120 다산콜센터 고용구조와 노동환경 개선방향 연구 보고서」, 서울시 시민봉사담당관 학술연구용역 최종보고서, 2014년.

2 김종우, 「감정노동은 어떻게 감정노동이 되었는가: 한국의 중앙일간지보도와 감정노동 담론 형성 유형」, 『한국 사회학회 2012년 전기 사회학대회 논문집』, 2012년, 981~997쪽.

3 세실 G. 헬만, 최보문 옮김, 「통증과 문화」, 『문화, 건강과 질병』(전파과학사, 2007), 180~190쪽.

4 윤성효, 「30세 이주노동자, 대우조선해양 작업 중 추락 사망」, 『오마이뉴스』, 2017년 6월 16일.

5 Arthur Kleinman, 「Pain and Resistance: The Delegitimation and Relegitimation of Local Worlds」, 『Pain as Human Experience: An Anthropological Perspective』(University of California Press, 1994), pp.169~197.

6 이 사례는 다음 책에서 추가적으로 참고했다. Arthur Kleinman, 『Social Origins of Distress and Disease: Depression, Neurasthenia, and Pain in Modern China』(Yale University Press, 1986), pp.127~131.

7 Norma C. Ware, 「Suffering and the Social Construction of Illness: The Delegitimation of Illness Experience in Chronic Fatigue Syndrome」, 『Medical Anthropology Quarterly』 6(4), pp.347~361.

8 Jean E. Jackson, 「Stigma, Liminality, and Chronic Pain: Mind—Body Borderlands」, 『American Ethnologist』 32(3), pp.332~353.

9 Georges Canguilhem, 『The Normal and the Pathological』(Zone Press, 1986). 한국어 번역본은 여인석 옮김, 『정상적인 것과 병리적인 것』(인간사랑, 1996).

10 J.K. Tina Basi, 『Women, Identity and India's Call Centre Industry』(Routledge, 2009) pp.13~31.

11 Shehzad Nadeem, 『Dead Ringers: How Outsourcing is Changing the Way Indians Understand Themselves』(Princeton University Press, 2011), pp.48~49.

12 Merrill Singer · Hans Baer, 『Critical Medical Anthropology』(Baywood Publishing Company, 1995), pp.27~28.

죽음의 땅에 온 이주노동자들

1 Seth M. Holmes, 『Fresh Fruit, Broken Bodies』(University of California Press, 2013).

2 김여란, 『돼지 똥물에서 죽은 동생을 위하여』(https://storyfunding.kakao.com/project/16351).

3 김여란, 「가장 깊고 더러운 바닥에 쓰러진 동생」, 『돼지 똥물에서 죽은 동생을 위하여』, 2017년 7월 7일(https://storyfunding.kakao.com/episode/24897).

4 김여란, 「죽은 동생 만나기까지 4700킬로미터」, 『돼지 똥물에서 죽은 동생을 위하여』, 2017년 7월 5일(https://storyfunding.kakao.com/episode/24671).

5 김여란, 「무례하고 평범한 돼지 농장주」, 『돼지 똥물에서 죽은 동생을 위하여』, 2017년 8월 17일(https://storyfunding.kakao.com/episode/26846).

6 김여란, 앞의 글.

7 '구조적 폭력' 개념은 사회의 다양한 구조들(경제적 · 정치적 · 법적 · 종교적 · 문화적)이 개인, 집단 그리고 사회가 잠재력을 발휘하지 못하도록 가로막는 것을 가리킨다. 특히 인간 생활의 기본적인 사항들이 훼손당하는 것을 강조하기 위해 '폭력'이라는 용어가 사용되었다(Paul E. Farmer et al., 「Structural Violence and Clinical Medicine」, 『PLOS Medicine』 3(10, 2006: e449.) 구조적 폭력은 미국 감염학자이자 의료인류학자 폴 파머가 제3세계 국가의 빈민층이 왜 에이즈와 결핵 같은 질병에 더 쉽게 노출되고 사망하는지 설명하기 위해 사용하면서 보편화되었다(Paul E. Farmer, 『Pathologies of Power』, University of California Press, 2004).

8 김여란, 「가장 깊고 더러운 바닥에 쓰러진 동생」.

9 김여란, 앞의 글.

10 청주청년이주민인권단체 '이주민들레' 페이스북에 올라 온 「초등학교 6학년 네팔인 수비가 대선후보님들께 인종차별 철폐를 위해 함께해달라고 쓴 편지를 읽어주세요」 참조(https://www.facebook.com/nepalwithsafe).

11 김여란, 「"한국어 잘하면 사장이 싫어해요"」, 『돼지 똥물에서 죽은 동생을 위하

여』, 2017년 7월 12일(https://storyfunding.kakao.com/episode/24990).

12 Seth M. Holmes, 「An Ethnographic Study of the Social Context of Migrant Health in the United States」, 『PLOS Medicine』 3(10), 2006: e448.

13 Seth M. Holmes, 「"Oaxacans Like to Work Bent Over": The Naturalization of Social Suffering Among Berry Farm Workers」, 『International Migration』 45(2007), pp.39~68.

14 김여란, 「무례하고 평범한 돼지 농장주」.

15 김여란, 「이주노동자는 노예입니까」, 『돼지 똥물에서 죽은 동생을 위하여』, 2017년 8월 24일(https://storyfunding.kakao.com/episode/27615).

16 김여란, 「죽은 동생 만나기까지 4700킬로미터」.

17 「Govinda KC begins 11th hunger strike」, 『Kathmandupost』, July 24. 2017.

18 네팔 이주노동자들이 해열제, 진통제로 흔히 사용하는 약이 있어 무엇인지 직접 확인해 보았다. 성분은 파라세타몰paracetamol이었다. 이것은 우리가 흔히 편의점, 약국에서 구입해서 사용하는 타이레놀이다. 네팔 이주노동자는 한국에서 쉽게 구매할 수 있는 타이레놀을 모른 채 고국에서 가져온 파라세타몰에 의존하고 있었다.

19 Seth M. Holmes, 『Fresh Fruit, Broken Bodies』.

다섯. 중독의 아픔

삶도 금단증세를 유발한다

1 전병역, 「담뱃값 인상 2년…담배 회사 이익 늘리고 전자담배 풍선효과도」, 『경향신문』, 2017년 10월 11일.

2 최성수, 「편의점 점주들, 담배 제품 광고비는 어느 정도?…투명성 의문 제기」, 『메디컬투데이』, 2017년 8월 1일.

3 Lisa Szatkowski · Ann McNeill, 「Diverging Trends in Smoking Behaviors According to Mental Health Status」, 『Nicotine & Tobacco Research』 17(3), 2004, pp.356~360.

4 미국의 과학 저널리스트 데이비드 크로그David Krogh는 『Smoking: The Artificial Passion』(W. H. Freeman & Co., 1991)에서 담배를 'working drug'라 불렀다. 크로그는 흡연이 신체에 미치는 2가지 상반된 영향 즉, '각성 효과'와 '기분 안정'이 노동에 실질적으로 도움을 준다고 판단했다. 실제로 인지심리학 분야에서

는 흡연이 시각과 청각 신호 탐지를 향상시킬 수 있으며, 니코틴이 장시간 경계 업무에 도움이 된다고 받아들여지고 있다(앤서니 에스게이트·데이비드 그룸, 이나경·이영애 옮김, 『응용인지심리학』, 시그마프레스, 2008). 나는 'working drug'를 '노동 유연제柔軟劑'로 번역했다. 노동자가 원활하게 노동하기 위해 스스로 담배의 특성을 이용하는 것은 물론, 고용자 역시 원활한 노동을 위해 담배의 특성을 직·간접적으로 사용하고 있다는 것을 표현하고 싶어서다.

5   Arthur Kleinman, 「Moral Experience and Ethical Reflection: Can Ethnography Reconcile Them? A Quandary for the New Bioethics」, 『Daedalus』, 128(4), 1999, pp.69~97.

6   조던 굿맨, 이학수 옮김, 『역사 속의 담배』(다해, 2010), 164쪽.

7   Peter Conrad, 『The Medicalization of Society』(Johns Hopkins University Press, 2008).

8   레이 모이니핸·앨런 커셀스, 홍혜걸 옮김, 『질병 판매학』(알마, 2006), 236쪽.

9   Frances Thirlway, 「Everyday Tactics in Local Moral Worlds: E-Cigarette Practices in a Working-Class Area of the UK」, 『Social Science & Medicine』 170(2016), pp.106~113.

10 Frances Thirlway, 「The Type of E-Cigarette Affects Its Usefulness in Smoking Cessation」, 『British Medical Journal』 351(2015): h3898.

11 Simon Chapman, 「E-Cigarettes: The Best and the Worst Case Scenarios for Public Health—An Essay by Simon Chapman」, 『British Medical Journal』 349(2014).

중독 '논란' 속에 방치된 몸

1   Charlie Savage·Jack Healy, 「Trump Administration Takes Step That Could Threaten Marijuana Legalization Movement」, 『The New York Times』, 4 Jan, 2018.

2   로익 바캉, 류재화 옮김, 『가난을 엄벌하다』(시사IN북, 2010).

3   Johann Hari, 『Chasing the Scream: The First and Last Days of the War on Drugs』(Bloomsbury Publishing USA, 2015).

4   Johann Hari, 「The Black Hand」, Ibid., pp.7~32.

5   이지혜, 「시한부 아들 치료 위해 대마 샀다가…마약밀수범 된 엄마」, 『한겨레』, 2017년 12월 25일.

6   마리화나와 대마초로 불리는 불법 마약은 향정신성 작용이 강한 테트라하이드

로칸나비놀THC을 다량 함유하고 있다. 그렇지만 치료용으로 사용되는 '대마 오일'은 이를 최소화해서 사용한다. 「테트라하이드로칸나비놀」, 위키피디아.

7 세계보건기구는 지난 2017년 발간한 자료집에서 칸나비노이드가 경련 질환에 입증된 가장 최신 치료법이라 소개했다. 이외에도 세계보건기구는 제한적이지만 최근까지 진행된 연구 결과들을 종합하여 칸나비노이드가 알츠하이머병, 파킨슨병, 다발성경화증, 신경성 통증, 조현병, 불안과 우울증, 각종 암, 구역증, 류머티즘 관절염, 염증성 장 질환(크론병 등), 심혈관 질환, 당뇨 합병증 등에서도 치료 효과가 있다고 소개하고 있다. 「CANNABIDIOL(CBD) Pre-Review Report Agenda Item 5.2」, WHO(http://www.who.int/medicines).

8 의료용 대마 합법화 운동본부 홈페이지(http://legalization.or.kr).

9 자세한 내용은 의료용 대마 합법화 운동본부 홈페이지 참고.

10 「Dying for Weed」, 〈Drugs Map of Britain〉, BBC, September 5, 2016(https://www.bbc.co.uk).

11 Hans A. Baer · Merrill Singer · Ida Susser, 「Legal Addiction」, 『Medical Anthropology and the World System』(Greenwood Publishing Group, 2003).

12 르네 지라르, 김진식 옮김, 『희생양』(민음사, 2007).

13 최근 2017년 5월 이후 출시된 '가열담배'(필립모리스의 '아이코스', BAT의 '글로', KT&G의 '릴'), 일명 '궐련형 전자담배'로 불리는 담배의 해로움에 대해 의사와 정부, 담배회사의 의견이 대립하고 있다. 2018년 6월 7일 식약청은 가열담배('아이코스', '릴') 배출물을 조사한 결과 일반담배와 차이가 없는 수준의 타르와 니코틴이 포함되어 있다는 사실을 발표했다. 이로써 가열담배가 기존 궐련형 일반담배보다 해로움이 적은 혁신적인 '전자담배'라며 차별성을 강조하던 담배회사들의 주장에 근본적인 문제를 제기했다. 실제로 현재 '궐련형 전자담배'로 불리는 것은 기존의 전자담배(액상의 니코틴 액을 사용하는 전자기기)와 이름이 같을지언정 동일한 것으로 보는 것은 문제가 있다. 이것은 담배를 태우는 방식에서 고온으로 가열하는 방식으로 변환했을 뿐이다. 그런 점에서 '전자담배'라부르며 마치 논란의 여지가 없이 해로움이 확실히 감소한 것으로 받아들이게하는 것에는 문제가 있다. 이 또한 담배회사의 고도의 전략일 수 있다. 이런 점에서 '가열담배'로 부르는 것이 현재로서는 적합하다. 분명 이 새로운 담배의 출현과 함께 덜 해로운 담배로 금연을 생각하는 흡연자들이 있을 것이기에 주의가 필요하다.

14 이철민 · 조희경, 「담배 해로움 줄이기Tobacco Harm Reduction의 역사와 근거」, 『가정의학회지』 28, 2007, 575~588쪽.

15 Andy McEwen · Hayden McRobbie, 「Electronic Cigarettes: A Briefing for

Stop Smoking Services』, NCSCT, 2016. 홈페이지에서 자유롭게 다운로드받을 수 있다(http://www.ncsct.co.uk). 잉글랜드 보건부의 지원을 받아 NCSCT는 2017년 'SWITCH'라는 제목하에 여러 교육 영상과 경험담을 공개했다. 〈E-Cigarette Safety: The Fact Explained〉, 〈An Independent Introduction to Vaping for Smokers〉, 〈Top Tips for Safer Vaping〉 등이 있다.

16 정유석, 「전자담배, 과도한 규제만이 최선일까?」, 『대한금연학회지』 5(1), 2014, 26~29쪽; 김관욱, 「전자담배 제대로 알고 피우자」, 『흡연자가 가장 궁금한 것들』(애플북스, 2015).

17 Public Health England, 「E-Cigarettes Around 95% Less Harmful Than Tobacco Estimates Landmark Review」, August 19, 2015(https://www.gov.uk).

18 2018년 6월 15일에 개최된 대한금연학회 춘계학술대회에서는 영국에서 활발히 진행 중인 전자담배를 통한 '해로움 줄이기'에 대한 열띤 논의가 있었다. 나는 자리에 참석하여 영국의 특수한 상황(담배회사가 전자담배를 판매하는 상황 등)과 다른 한국의 현실(담배회사가 전자담배를 판매하지 않고[오히려 반대하며], 대신 '가열담배'[KT&G의 '릴' 등]를 판매하는 상황 등)에 대해 들을 수 있었다. 특히 한국 내 전자담배, 가열담배에 대한 해로움 줄이기 논의가 흡연자의 단계적 금연에 이르는 것보다는 지속적인 흡연(이중 흡연, 삼중 흡연 등)으로 이어지는 사례가 많다는 것에 대해 주의가 필요하다는 이야기 또한 접할 수 있었다.

19 「Tobacco: Harm-Reduction Approaches to Smoking」, 『NICE Public Health Guidance 45』, June 2013(https://www.nice.org.uk/guidance/ph45).

20 위해감축에 대한 전반적인 논의에 관해서는 다음 두 논문이 있다.
문옥륜 · 김공현, 「위해감축: 이론과 실제Harm Reduction: Theory and Practice」, 『대한보건연구』 41(2), 2015, 1~18쪽; 문옥륜 · 김공현, 「담배위해감축과 보건정책상 함의Tobacco Harm Reduction: It's Health Policy Implication」, 『대한보건연구』 41(3), 2015, 1~21쪽.

21 문옥륜 · 김공현, 「위해감축: 이론과 실제Harm Reduction: Theory and Practice」, 『대한보건연구』 41(2), 2015, 2쪽.

22 「Electronic Cigarettes: A Briefing for Stop Smoking Services」. 본문에 소개한 부분은 자료집 11쪽에 실린 내용으로 직접 번역했다.

23 자료집에는 다음과 같은 내용이 실렸다. "여가를 목적으로 전자담배를 피우는 것은 금연 서비스 사업이 '판단'할 문제가 아니다. 금연 사업은 '(궐련)담배'를 끊게 하는 것stop smoking service이지 '니코틴'을 끊게 하는 것stop nicotine service이 아니다. 사람들이 전자담배를 끊는 것이 좋다고 생각한다면, 그것은 흡연자가 담

배를 끊고 담배에서 멀어지는 훨씬 중요한 기회를 무시하고 있는 셈이다.

24 Joanne Neale · Sarah Nettleton · Lucy Pickering, 「Recovery from Problem Drug Use: What Can We Learn from the Sociologist Erving Goffman?」, 『Drugs: Education, Prevention and Policy』 18(1), 2011, pp.3~9.

'가짜 세계'에 중독되는 이유

1 이상혁, 「PC방 그 10년의 역사, 그리고…」, 『아이러브PC방』, 2009년 1월 1일.

2 김기성, 「게임 중독 부모 때문에…3개월 된 아기 배곯다 숨져」, 『한겨레』, 2010년 3월 4일.

3 이정진, 「〈죽음 부르는 게임 중독〉① "게임 없인 못 살아"」, 연합뉴스, 2010년 11월 18일.

4 서울아산병원 질환백과에 나온 「인터넷 중독」 내용을 참고했다(http://www.amc.seoul.kr/asan).

5 신재우, 「〈죽음 부르는 게임 중독〉② "중독 이유 나도 몰라"」, 연합뉴스, 2010년 11월 19일. 이 기사는 특히 1인칭 슈팅 게임이 지닌 고도의 중독성을 지적하고 있다.

6 메리 더글러스, 유제분 · 이훈상 옮김, 『순수와 위험』(현대미학사, 1997).

7 고영성 · 신영준, 『완벽한 공부법』(로크미디어, 2017), 316~321쪽.

8 Michael Jackson, 『Existential Anthropology: Events, Exigencies and Effects(Methodology and History in Anthropology)』(Berghahn Books, 2005), pp.94~95.

9 빅터 터너, 박근원 옮김, 『의례의 과정』(한국심리치료연구소, 2005). 터너는 중앙아프리카 잠비아에서 1950년 초반 약 2년 반 동안 은뎀부족의 삶과 죽음에 대한 의례를 현지 조사했다. 은뎀부족의 치유 의례에 등장하는 수탉의 피 · 붉은 깃털 · 약재 · 냉수 · 구덩이 · 움막 등은 서양의 외부 연구자에게는 기괴하기 짝이 없었다. 그렇지만 이러한 의례 행위 속에는 그 사회가 존립하는 '질서'의 원칙이 녹아들어 있다. 삶과 죽음 앞에 연약한 인간 존재는 이 의례를 통해 보호받는다.

10 여러 사용자가 동시에 접속해서 길드를 형성해 전쟁을 수행하는 게임이 지닌 가치에 대한 인류학 연구들이 존재한다. 이에 관련해서는 다음을 참고하기 바란다. Jeffrey G. Snodgrass et al., 「Culture and the Jitters: Guild Affiliation and Online Gaming Eustress/Distress」, 『Ethos』 44(1), 2016, pp.50~78; Jeffrey G. Snodgrass et al., 「"I Swear to God, I Only Want People Here Who Are

Losers!" Cultural Dissonance and the (Problematic) Allure of Azeroth』, 『Medical Anthropology Quarterly』, 28(4), 2014, pp.480~501; 사이버 스페이스에 대한 인류학 저서로는 이길호의 『우리는 디씨』(이매진, 2012)를 참고하기 바란다.

아프지 않았으면 좋겠습니다

© 김관욱, 2018

초판 1쇄 2018년 10월 10일 찍음
초판 1쇄 2018년 10월 15일 펴냄

지은이 | 김관욱
펴낸이 | 강준우
기획·편집 | 박상문, 김소현, 박효주, 김환표
디자인 | 최원영
마케팅 | 이태준
관리 | 최수향
인쇄·제본 | 제일프린테크

펴낸곳 | 인물과사상사
출판등록 | 제17-204호 1998년 3월 11일

주소 | 04037 서울시 마포구 양화로7길 4(서교동) 2층
전화 | 02-325-6364
팩스 | 02-474-1413

www.inmul.co.kr | insa@inmul.co.kr

ISBN 978-89-5906-508-0 03300

값 14,000원

이 도서의 국립중앙도서관 출판예정도서목록(CIP)은 서지정보유통지원시스템 홈페이지
(http://seoji.nl.go.kr)와 국가자료공동목록시스템(http://www.nl.go.kr/kolisnet)에서
이용하실 수 있습니다. (CIP제어번호: 2018031486)